COLEÇÃO

INTERAÇÕES

Interações: educação física lúdica

Uma abordagem ampliada de Educação Física

Blucher

COLEÇÃO

INTERAÇÕES

Ricardo Nastari

Interações: educação física lúdica

Uma abordagem ampliada de Educação Física

Josca Ailine Baroukh
COORDENADORA

Maria Cristina Carapeto Lavrador Alves
ORGANIZADORA

Interações: educação física lúdica
Uma abordagem ampliada da Educação Física
© 2012 Ricardo Nastari
1ª reimpressão – 2018
Editora Edgard Blücher Ltda.

Capa: Alba Mancini

Foto: Ricardo Nastari

Blucher

Rua Pedroso Alvarenga, 1245, 4º andar
04531-934 – São Paulo – SP – Brasil
Tel.: 55 11 3078-5366
contato@blucher.com.br
www.blucher.com.br

Segundo o Novo Acordo Ortográfico, conforme 5. ed. do *Vocabulário Ortográfico da Língua Portuguesa*, Academia Brasileira de Letras, março de 2009.

É proibida a reprodução total ou parcial por quaisquer meios sem autorização escrita da editora.

Todos os direitos reservados pela Editora Edgard Blücher Ltda.

Dados Internacionais de Catalogação na Publicação (CIP)
(Câmara Brasileira do Livro, SP, Brasil)

Nastari, Ricardo
 Interações : educação física lúdica : uma abordagem ampliada da educação física / Ricardo Nastari ; Josca Ailine Baroukh, coordenação ; Maria Cristina Carapeto Lavrador Alves, organizadora. – São Paulo : Blucher, 2012. –
(Coleção InterAções)

Bibliografia
ISBN 978-85-212-0666-8

1. Brincadeiras na educação 2. Educação de crianças 3. Educação física 4. Jogos educativos. I. Baroukh, Josca Ailine. II. Alves, Maria Cristina Carapeto Lavrador. III. Título. IV. Série.

12-04809   CDD-371.337

Índices para catálogo sistemático:
1. Brincadeiras e jogos como proposta pedagógica : Educação infantil   371.337
2. Educação infantil : Proposta lúdica : Educação   371.337

Dedico este livro a:

Minha esposa Luciana, por apoiar e incentivar todas as minhas atividades ligadas a crianças e à Educação.

Minhas filhas, Rafaela e Lorena, amores, alegrias, orgulhos e razões da minha vida, por me motivarem diariamente a viver.

Meus amigos Fernando e Ana Maria, por contribuírem na minha formação como pessoa e por me mostrarem o caminho do afeto, do respeito, da ética, da sabedoria e do amor. Pela confiança que depositaram em mim ao me apresentarem este caminho, que determinou minha trajetória profissional.

Meus Mestres Adriana e José Ricardo, por facilitarem minha pesquisa e busca dos conhecimentos essenciais para uma educação de vanguarda.

Minha mãe, Nelly, por ser meu eterno modelo de respeito, amor e dedicação.

"A aprendizagem é um simples apêndice de nós mesmos; onde quer que estejamos, está também nossa aprendizagem."

William Shakespeare

Nota sobre o autor

Ricardo Nastari é professor de Educação Física, formado com licenciatura plena pela Universidade de Mogi das Cruzes em 1986. Pesquisador de jogos e brincadeiras da cultura infantil brasileira. Proprietário da Acamerê acampamentos eventos e lazer, desde sua fundação em 1987. Pioneiro na inclusão e utilização de jogos cooperativos temáticos em acampamentos. Professor especialista em Educação Física na educação infantil e ensino fundamental na Escola Vera Cruz desde 1988. Pós graduado em Educação Lúdica pelo Instituto Superior de Educação Vera Cruz em 2011.

Agradecimentos

Agradeço à Escola Vera Cruz a oportunidade e o apoio a todos os projetos desenvolvidos, que possibilitaram grande parte desta pesquisa, que agora compartilho com outros professores.

Apresentação

Educar é interagir, é agir **com o outro**, o que acarreta necessariamente a transformação dos sujeitos envolvidos na convivência. Foi esta a ideia que elegemos para nomear a coleção InterAções. Acreditamos que ensinar e aprender são ações de um processo de mão dupla entre sujeitos, que só terá significado e valor quando alunos e professores estiverem questionando, refletindo, refazendo, ouvindo, falando, agindo, observando, acolhendo e crescendo juntos.

Com base nessa premissa, convidamos autores e professores. Professores que conhecem o chão da sala de aula, que passam pelas angústias das escolhas para qualificar as aprendizagens das crianças, seus alunos. Professores que, em sua grande maioria, também são coordenadores de formação de grupos de professores, conversam com professores e, portanto, conhecem o que os aflige.

A esses autores, pedimos que estabelecessem um diálogo escrito sobre temas inquietantes em suas áreas de atuação. Temas que geram muitas dúvidas sobre o que, como e quando ensinar e avaliar. Temas recorrentes que, se abordados do ponto de vista de novos paradigmas educacionais, podem contribuir para a ação, reflexão e inovação das práticas de professores da Educação Infantil e do Ensino Fundamental I.

Apresentamos nesta coleção situações de interação entre professores e crianças: exemplos, sugestões pedagógicas e reflexões. Pontos de partida para o professor repensar sua prática e proporcionar a seus alunos oportunidades de se sentirem e serem protagonistas de suas aprendizagens. Acreditamos ser importante que o professor questione sua rotina e construa um olhar apurado sobre as relações cotidianas. Estranhar o natural estimula a criatividade, a inovação, o agir. E assim, é possível ir além do que já se propôs no ensino desses temas até o momento.

Nosso intuito é compartilhar as descobertas geradas pelo movimento de pesquisa, reflexão e organização do conhecimento na escrita dos autores. E proporcionar ao professor leitor a experiência de um "olhar estrangeiro", de viajante que se deslumbra com tudo e que guarda em sua memória os momentos marcantes, que passam a fazer parte dele. Queremos animar em nosso leitor a escuta atenta e estimular suas competências técnicas, estéticas, éticas e políticas, como tão bem explica Terezinha Azeredo Rios.

Em meio às dificuldades de ser professor na contemporaneidade, os profissionais da educação persistem na criação de planejamentos e ações que promovam as aprendizagens de seus alunos. Aos desafios, eles apresentam opções e são criativos. É para esses profissionais, professores brasileiros, e para seus alunos, que dedicamos nossa coleção.

Boa leitura!

Josca Ailine Baroukh

Sumário

Introdução 13
1 Educação Lúdica para quê?................................. 17
    1.1 A Educação Física Tradicional........................ 18
    1.2 Educação Física Lúdica – o que é? 19
    1.3 Os desafios do professor 21
    1.4 Dimensões ética e estética na Educação Física Lúdica... 22

2 Como trabalhar com Educação Física Lúdica? .. 25

3 Por que avaliamos antes de terminar o processo? 33

4 Vamos treinar ou jogar? Podemos treinar jogando? 41

5 Um olhar generoso para a diversidade 47

6 Jogo na Educação Física Lúdica 53
    6.1 A fase de experimentação................................ 54
    6.2 Descobrindo estratégias.................................. 56
    6.3 A cooperação dentro da equipe 57
    6.4 Intervenções do professor............................... 59
    6.5 Objetivos do professor 60
    6.6 O respeito as regras... 60

7	**Regra – Elemento da construção do juízo moral**...	63
	7.1 Isso não vale!..	64
	7.2 Construção de significação das regras...............	66
8	**A importância do envolvimento dos alunos**........	73
	8.1 Etapas do processo: o caso da dança do pau de fita..	75
9	**Cooperar e competir**...	91
	9.1 Postura cooperativa	92
10	**Considerações finais**..	105

Referências Bibliográficas... 109

Introdução

A intenção deste livro é, sobretudo, propor reflexões e levantar questões sobre a prática de uma Educação Física Lúdica não tradicional, na qual o foco ultrapassa os limites da saúde física, da aquisição/aperfeiçoamento das capacidades motoras, valoriza o desenvolvimento socioafetivo e contribui na formação dos valores morais dos alunos.

Neste livro, apresento e discuto algumas práticas realizadas em minha experiência de 24 anos como professor de Educação Física, com alunos na faixa etária de seis a doze anos, e relaciono tais práticas com os conceitos de autores que reconhecidamente contribuíram e ainda contribuem para a evolução da Educação.

O pressuposto que norteia nosso diálogo é que o professor é uma pessoa – tem personalidade, humor e características individuais diversas – e deve estar sempre preparado para educar. Para isso, deve afinar duas ferramentas didáticas essenciais para a realização de uma proposta dinâmica: os olhos e os ouvidos. Olhos e ouvidos atentos e apurados auxiliam na tarefa de educar e permitem a leitura de questões verdadeiras.

Olhares atentos e escutas qualificadas mostram ao professor a cada instante o ponto em que se encontram os alunos. E o caminho a ser percorrido em busca das aprendizagens suscita algumas perguntas: – O que faço com o que vi? Devo tomar decisões com intencionalidade, mas quais? Qual a medida da atuação do professor? Qual a atitude mais adequada? Qual o tom – acolhedor, firme, austero, companheiro, instrutor?

Compartilho com você, leitor, essas questões que me acompanham ao longo de toda a minha trajetória. Além de toda fundamentação teórica que sustenta o trabalho do professor, sabemos que é um ser humano e que sempre trará consigo atitudes carregadas de emoções.

Sabemos que um bom professor precisa ter conhecimento específico suficiente para orientá-lo cada vez que tiver que tomar uma decisão, mas frequentemente me deparo com uma pergunta que me inquieta: qual a medida da atitude a ser tomada frente a cada observação?

O olhar atento do professor – ao assistir o desenrolar de um jogo, sabendo que este absorve o jogador por inteiro e, portanto, o expõe – observa, além da fluência do próprio jogo, as habilidades motoras de cada aluno, a forma de atuar de cada um – o mais ativo, o líder, o tímido, o distraído, o frágil, o agressivo, o intimidador, o que coopera, o que desrespeita. Enfim, percebe vários fatos e situações importantes e precisa optar pela atitude educativa a ser tomada naquele momento e aquelas que poderão esperar para ser abordada posteriormente.

Esta inquietação traduz a busca pela melhor decisão a respeito de qual encaminhamento fazer frente a determinada situação, ou seja, qual o modo mais adequado para tornar aquele aprendizado o mais significativo possível para os alunos.

Diante de fatos parecidos, posso ter uma reação com um aluno e outra com outro aluno? Qual a mensagem que passo a cada intervenção?

E, após ter feito a intervenção, outra pergunta: poderia ter feito de outra forma? Seria mais eficaz?

É claro que qualquer que seja a intervenção feita, sempre será legítima se estiver apoiada em objetivos claros, coerentes com a concepção e postura educativa assumida. Porém a pergunta continua. Acertei? Poderia ser melhor? E a resposta é quase sempre a mesma: acertei, mas sempre poderá ser melhor.

A proposta da Educação Física Lúdica, de certa forma, responde a essas questões. Mas aponta que aprender demanda esforço, tanto para os alunos quanto para o professor (na mesma medida), pois ambos percorrem juntos os caminhos de ensino e de aprendizagem.

Vamos trilhar juntos o caminho que nos leva à realização da Educação Física Lúdica. No primeiro capítulo, apresento a Educação Física Lúdica, tendo como referência a Educação Física Tradicional, isto é, a partir do que já é conhecido e praticado, convido-os a ampliar as possibilidades de vivências favoráveis ao desenvolvimento dos alunos. No segundo capítulo, a reflexão sobre a forma de viver a educação lúdica passa pelo campo do currículo, como base de todos os processos. Partindo da premissa que o currículo não é estático, vamos compartilhar os pensamentos de alguns educadores que servirão de referência para apoiar nossa proposta. O terceiro capítulo trata da avaliação e está propositadamente situado no início do livro, justamente por se tratar de um tema fundamental no processo de aprendizagem, trazendo durante todo o tempo as referências necessárias para o desenvolvimento de cada projeto ou sequência didática. No quarto capítulo, procuro mostrar como as competências e habilidades compartilhadas contribuem com a evolução do grupo, na medida em que fazem sentido para os alunos. No quinto capítulo, vamos tratar de um assunto delicado – os alunos que não querem participar das aulas –, que por vezes incomoda alunos e professores e que por esse motivo deve ser constantemente cuidado. No sétimo capítulo, analiso como o aluno desenvolve procedimentos, conceitos e valores morais por meio do jogo; como progride com relação às suas capacidades físicas, cognitivas e sociais (afetivas) e como estabelece relações que o leva a desenvolver vários campos de conhecimento. No capítulo 8, poderemos perceber que, acima de tudo, o envolvimento e o comprometimento do aluno são essenciais para a manutenção do processo de aprendizagem. Veremos também que a ideia de que a competição é o fator de motivação dos alunos é equivocada e que há inúmeras possibilidades de se trabalhar com alunos motivados em busca de uma meta. Quando falamos em cooperação nas aulas de educação física, precisamos sempre lembrar que a competição e cooperação não são aspectos opostos e excludentes, mas sim que se complementam e que devem caminhar juntos. É possível cooperar num jogo competitivo ou ficamos reféns dos jogos cooperativos para poder trabalhar esse conteúdo com os alunos? Este é o tema do capítulo 9. ∎

1 Educação Lúdica para quê?

Por apresentar uma nova nomenclatura a uma antiga prática, antes de definir Educação Física Lúdica, vamos tratar da Educação Física Tradicional. É importante dar o devido valor a ela, respeitando o significado de **Tradição**, (do latim: *traditio, tradere* = entregar; em grego, na acepção religiosa do termo, a expressão é *paradosis*), que é a transmissão de práticas ou de valores espirituais de geração em geração, o conjunto das crenças de um povo, algo que é seguido conservadoramente e com respeito através das gerações.

Contudo, para considerar a Educação Física Lúdica como uma nova prática, faz-se necessário estabelecer parâmetros comparativos a uma prática anterior. Por isso, daqui por diante usarei a nomenclatura "Tradicional" e "Lúdica" para me referir a ambas.

Apesar de manter seu valor histórico, cultural, de estar ligada à sociedade por meio dos esportes, e, por tal razão, carregar em si um símbolo positivo, diretamente relacionado à saúde e à qualidade de vida, a Educação Física Tradicional não acompanhou a enorme evolução que vem ocorrendo na Educação desde a década de 1980 e, assim, tem a conotação de ultrapassada em relação aos parâmetros atuais de educação.

A Educação Física Lúdica, além de contemplar os esportes e os aspectos da saúde e da qualidade de vida, tem a intencionalidade de estimular o desenvolvimento de três tipos de conteúdos de aprendizagem: o conteúdo atitudinal relacionado ao "ser", o conteúdo conceitual, ligado ao "saber" e o conteúdo procedimental, ligado ao "fazer", tendo como eixos a cooperação, a construção do conhecimento e a aprendizagem significativa. Essa maneira de categorizar os conteúdos foi proposta por Zabala e revista por Delors, na proposta da Unesco para uma educação para o século XXI.

A Ludicidade nas aulas de Educação Física ocorre nos encontros entre a experiência significativa e a aprendizagem, entre o processo e o resultado, entre o afeto e o rigor, entre a exigência e a persistência...

1.1 A Educação Física Tradicional

O adjetivo *tradicional* vem sendo utilizado por vários autores desde a década de 1980, referindo-se a um modelo de Educação Física que

> "tem privilegiado o esporte, como conteúdo principal das aulas de Educação Física, restringindo as possibilidades de aprendizagem dos alunos em relação aos demais conteúdos como jogos e brincadeiras, danças, ginástica, lutas e capoeira". (DARIDO, 2006, p.1)

Ainda muito utilizada, podemos observar na Educação Física Tradicional aulas baseadas nos modelos esportivista e recreacionista, nas quais o professor desenvolve os quatro esportes tradicionais, futebol, vôlei, basquete e handebol ou, em alguns casos, apenas entrega a bola aos alunos para que pratiquem esporte.

Ela se baseia na prática da indução ao movimento robótico mecanizado, por meio de exercícios repetitivos em busca do gesto padronizado para executar o esporte em questão. É comum observar filas de alunos desmotivados esperando a vez para correr em direção à tabela de basquete, pisando em círculos desenhados no chão, identificados como "pé direito" e "pé esquerdo" para, em seguida, saltar e arremessar, segurando a bola com a mão direita, na palma da mão voltada para cima, imitando o gesto do garçom carregando uma bandeja (daí o nome do movimento), e elevando-a em direção ao quadrado central desenhado na tabela de basquete.

Uma cena muito corriqueira: a formação de duplas de alunos, dispostos em duas colunas, uma de frente para a outra, realizando, ao comando do professor, lançamentos específicos com a bola, como passe de peito e passe picado, em detrimento das inúmeras possibilidades lúdicas de se experimentar o mesmo movimento, porém num contexto mais próximo da realidade de cada um, consequentemente com mais significado. A aprendizagem do aluno pode acontecer de uma forma mais prazerosa e, portanto, mais motivadora: entre a memorização mecânica e repetitiva e a memorização compreensiva, a compreensiva é mais saudável e positiva.

Na Educação Física Tradicional, o professor é prisioneiro de uma lógica instrutiva, centrada em práticas tradicionais de ensino, historicamente provenientes de conceitos militares, que dirigem o acesso dos alunos a um conhecimento codificado e predeterminado. Tais conceitos foram o berço da escola de Educação Física no Brasil.

1.2 Educação Física Lúdica – o que é?

A palavra **educar** vem do latim *educare*, por sua vez ligada a *educere*, verbo composto do prefixo *ex* (fora) + *ducere* (conduzir, levar); significa literalmente **"conduzir para fora"**, ou seja, **"preparar o indivíduo para o mundo"**.[1]

A palavra **physis** vem da mitologia grega e pode ser traduzida por **natureza**, mas seu significado é mais amplo. Refere-se também à realidade da natureza, não aquela pronta e acabada, mas a que se encontra em movimento e transformação, a que nasce e se desenvolve, o fundo eterno, perene, imortal e imperecível de onde tudo brota e para onde tudo retorna.

A palavra **lúdica** tem sua origem na palavra **ludus** que quer dizer **jogo**. Entre as diversas definições para *ludus*, encontra-se a definição de que a palavra evoluiu levando em consideração

---

1 Disponível em: <http://www.sk.com.br/sk-hist.html>.

as pesquisas em psicomotricidade, de modo que deixou de ser considerada apenas no sentido de jogo. O lúdico faz parte da atividade humana e caracteriza-se por ser espontâneo, funcional e satisfatório. Na atividade lúdica não importa somente o resultado, mas a ação, o movimento vivenciado.

Figura 1.1 *Jogos Infantis"* (1560)
Fonte: Pieter Brueghel

A Educação Física Lúdica tem o jogo como principal recurso do processo de aprendizagem. O jogo é:

> "uma forma de socialização que prepara a criança para ocupar um lugar na sociedade adulta." (BROUGERE, apud KISHIMOTO, 1998, p.147)

> "atividade livre, conscientemente tomada como 'não-séria' e exterior à vida habitual, mas ao mesmo tempo capaz de absorver o jogador de maneira intensa e total". (HUIZINGA, 2008, p.16);

"é um significante, isto é, encerra um determinado sentido". (HUIZINGA, 2008, p.4);

"O jogo infantil desempenha papel importante como o motor do autodesenvolvimento e, em consequência, método natural de educação e instrumento de desenvolvimento." (CLAPARÈDE, *apud* KISHIMOTO, 1996, p. 31);

"Por meio dos jogos de regras, as crianças não somente desenvolvem os aspectos sociais, morais e cognitivos, como também políticos e emocionais. Os jogos constituem um conteúdo natural no qual as crianças são motivadas a cooperar para elaborar as regras." (FRIEDMANN, 1996, p. 35).

1.3 Os desafios do professor

Ao lançarmos mão do jogo como disparador do processo de aprendizagem nas aulas de Educação Física, nós, educadores, já nos deparamos com o primeiro desafio: o de apresentá-lo aos alunos de forma honesta e adequada, concedendo-lhe uma posição de "sagrado" diante da dimensão que ocupa, entendendo-se por "sagrado" algo – um instrumento – muito valioso no processo de ensino-aprendizagem.

O professor que traz consigo o olhar construtivo encontra sua motivação no desafio que o desacomoda e o faz desequilibrar-se, assim levando-o a dar o próximo passo em direção ao seu objetivo.

A proposta de uma Educação Física Lúdica coloca o professor como mediador essencial para a construção de conhecimento por meio de propostas de atividades significativas, elaboradas com base na observação e na escuta qualificada de situações vividas em aula que orientam a identificação de temas de interesse dos alunos relacionados à prática de atividade física.

Além disso, tira o professor de uma zona de conforto, comumente observada na Educação Física Tradicional no qual, apesar de muitas vezes bem-intencionado, restringe-se a ensinar o jogo e a treinar os movimentos inerentes a ele, colocando-o na posição de quem utiliza seu conhecimento, ou seu não conhecimento, a serviço da busca constante de estratégias e da preparação de ambientes adequados à "ensinagem", isto é, ao processo de ensino e aprendizagem estabelecido entre a instituição, o professor e os alunos.

Celso Antunes (2006) utiliza com frequência a palavra "mediador" em vez de "professor". Para ele "a ação estimuladora das inteligências jamais dispensa a ação coerente e paciente do mestre".

Segundo César Coll (1999), a aprendizagem significativa – que faz sentido ao aluno – requer duas condições:

- A primeira é que o conteúdo deve ser significativo, isto é, ser utilizável pelo aluno, quando necessário.

- A segunda é que o aluno deve estar motivado.

Sendo assim, a prática de uma Educação Física Lúdica não tradicional implica, além de uma maior variação de estratégias e de dinâmicas das aulas, uma mudança da cultura escolar. Isso significa que o professor passa da posição daquele que professa a verdade para a de mediador de aprendizagens significativas dos alunos.

1.4 Dimensões ética e estética na Educação Física Lúdica

Da plasticidade de uma criança jogando futebol à complexidade de um atleta de competições olímpicas, o esforço, a determinação e a superação os aproximam na dimensão estética tornando ambos, criança e atleta, espetáculos de rara beleza.

Paulo Freire diz que a Educação deve ver o aluno como um todo, com sentimentos e emoções, o que torna relevante o estudo da dimensão ética e estética em todas as atividades escolares.

Paulo Freire fundamenta-se em uma ética inspirada na relação "homem-no-mundo", ou seja, "estar" no mundo, e na construção de seu "ser-no-mundo-com-os-outros", isto é, ser capaz de se relacionar com as pessoas e com a sociedade.

Figura 1.2 Dimensões ética e estética no jogo
Fonte: Arquivo pessoal do autor

Segundo Freire (2001), a beleza não é privilégio de uma classe, mas sim uma construção compartilhada, e precisa ser conquistada a cada momento, a cada decisão, por meio de atitudes e experiências capazes de criar e recriar o mundo.

Sob esta ótica, podemos enxergar vários aspectos que tornam belo o jogo: a fluência de movimentos, a inteireza de envolvimento dos jogadores, as conquistas alcançadas, os desafios superados, a construção de conhecimento, o desenvolvimento dos valores morais e as emoções sentidas.

2 Como trabalhar com Educação Física Lúdica?

Sabendo que tradicionalmente o currículo de Educação Física está apoiado no modelo esportivista, isto é, desenhado para que o aluno aprenda os esportes, as sequências didáticas propostas seguem este mesmo modelo, que leva o professor a se deter no aprimoramento do gesto e nas capacidades físicas inerentes a cada esporte.

A Educação Física Lúdica baseia-se no diálogo para a construção das experiências de aprendizagem dos alunos. É na conversa com o grupo que se revelam as subjetividades dos alunos, suas identidades, características e maneiras de ser. É a partir de seus contextos que as falas colocadas em diálogo tornam-se significativas, plenas e singulares.

Sua proposta é estabelecer o currículo com base nos conteúdos de aprendizagem, definindo primeiro os objetivos para então se montar o planejamento.

Uma vez que o currículo está apoiado nos conteúdos de aprendizagem, o planejamento não é estático. Relaciona-se com a avaliação processual contínua para estabelecer sua continuidade, tanto na forma de ensinar quanto na escolha de atividades mais adequadas e significativas.

Na Vila das Aves, cidade do Porto, Portugal, há uma escola na qual não existem turmas separadas por idade ou escolaridade, nem lugar fixo ou sala de aula. Os alunos, organizados em pequenos grupos com interesses comuns, reúnem-se com o professor em grandes galpões e desenvolvem programas de trabalho durante 15 dias. Avaliam o que aprendem e formam novos grupos. É a Escola da Ponte, referência em todo o mundo quando o assunto é Educação.

Trago para nosso diálogo alguns conceitos de seu Projeto Educativo, com a finalidade de exemplificar o que chamei acima de mudança da cultura escolar. Dos dez itens que tratam do currículo da Escola da Ponte, selecionei quatro:

Sobre alunos e currículo

1. Como cada ser humano é único e irrepetível, a experiência de escolarização e o trajecto de desenvolvimento de cada aluno são também únicos e irrepetíveis.

2. O aluno, como ser em permanente desenvolvimento, deve ver valorizada a construção da sua identidade pessoal, assente nos valores de iniciativa, criatividade e responsabilidade.

3. As necessidades individuais e específicas de cada educando deverão ser atendidas singularmente, já que as características singulares de cada aluno implicam formas próprias de apreensão da realidade. Neste sentido, todo o aluno tem necessidades educativas especiais, manifestando-se em formas de aprendizagem sociais e cognitivas diversas.

4. Prestar atenção ao aluno tal qual ele é; reconhecê-lo no que o torna único e irrepetível, recebendo-o na sua complexidade; tentar descobrir e valorizar a cultura de que é portador; ajudá-lo a descobrir-se e a ser ele próprio em equilibrada interacção com os outros – são atitudes fundadoras do acto educativo e as únicas verdadeiramente indutoras da necessidade e do desejo de aprendizagem.[2]

Sabemos que a Escola da Ponte tem uma estrutura completamente diferente da nossa estrutura de ensino. Lá os agrupamen-

---

[2] Disponível em: http://tandis.odihr.pl/documents/hre-compendium/CD%20SEC%202%20ENV/Make%20the%20bridge/Make%20the%20Bridge%20Portugal%20Attach%201%20PORT.pdf.

tos de alunos organizam-se por objetivos, capacidades e conteúdos, promovendo a convivência de alunos de várias faixas etárias em um mesmo grupo. A estrutura educacional brasileira leva em conta a faixa etária mínima para compor cada turma. Há várias outras diferenças. A intenção aqui não é transformar nossa estrutura, mas, sim, propor reflexões a respeito dos conceitos tratados na proposta daquela escola, que inspira o currículo da Educação Física Lúdica aqui proposto.

César Coll, em entrevista à revista *Educar Para Crescer* diz que "não se pode separar o que cabe ao professor – as aulas – do que é responsabilidade dos alunos – o conhecimento prévio e a atividade". Aponta ainda: "o que importa é o que o aluno efetivamente aprende, não o conteúdo transmitido pelo professor". Em seguida, na mesma entrevista, aponta três aspectos considerados imprescindíveis:

- primeiro destaca que se deve relacionar o currículo a um projeto social e cultural; o currículo não deve ser apenas de natureza puramente técnica;

- segundo, que se deve viabilizar a concepção construtivista de como se ensina e como se aprende;

- terceiro, deve-se insistir na atenção à diversidade de capacidades, interesses e motivação dos alunos, dando-se ênfase ao conceito de inteligências múltiplas, o qual está diretamente relacionado às propostas construtivistas.

Concluindo, diz que,

"para que a criança atinja os objetivos finais de cada unidade didática, temos antes de identificar os fatos, conceitos e princípios que serão propostos; os procedimentos a considerar e os valores, normas e atitudes indispensáveis"[3].

---

3 Disponível em: <http://educarparacrescer.abril.com.br/aprendizagem/materias>

Em boa parte da história da Educação Física escolar, os professores atribuíram maior valorização à dimensão procedimental dos conteúdos, sendo a dimensão conceitual e atitudinal relegada ao acaso ou permanecendo no currículo oculto, de modo que houve na história da Educação Física escolar uma ênfase maior nos conteúdos ligados à prática, à realização dos movimentos, ao "saber fazer" (procedimental). Já o "porquê fazer" (conceitual) e "como se relacionar dentro desse fazer" (atitudinal) ficaram em segundo plano ou não eram desenvolvidos intencionalmente nas aulas. (RODRIGUES e DARIDO, 2006, p.1)

A Educação Física Lúdica diversifica a oferta de possibilidades para oferecer ao aluno grande variedade de experiências e para que, acima de tudo, estas estejam próximas de sua realidade, tornando-se assim significativas e motivadoras.

Figura 2.1 Bafo
Fonte: Arquivo pessoal do autor

Entre as possibilidades de diversificação, a manutenção da nossa identidade cultural brasileira deve ser valorizada por meio da prática dos jogos tradicionais da infância: a bola de gude, o pião, a amarelinha, o taco, o bafo, a pipa, entre outros. Atualmente, alguns deles já não são muito praticados. A Educação Física Lúdica encontra aqui a oportunidade de resgatar nossa cultura, além de proporcionar aos alunos ricas situações de aprendizagens motora, cognitiva e social.

Figura 2.2 Pião
Fonte: Arquivo pessoal do autor

Enrolar a fieira em um pião e lançá-lo ao chão fazendo com que caia de pé e gire; virar figurinhas batendo bafo; rebater a bolinha no jogo de taco, ou mesmo derrubar a casinha de vinte centímetros situada a dez metros de distância; lançar o saquinho no jogo de amarelinha e acertar a casinha, certas vezes a mais de quatro metros de distância, depois pular de casa em casa sobre um pé só em um caminho de ida e volta; lançar uma bolinha de gude com a unha do polegar a dois metros de distância e acertar outra bolinha são experiências extremamente difíceis e exigem alto grau de concentração, de persistência e empenho: desenvolvem a coordenação motora fina e global, além de estimular a cooperação, o respeito e a formação do juízo moral por meio do compartilhamento e da construção das regras dos jogos.

Figura 2.3 Gude
Fonte: Arquivo pessoal do autor

A escuta atenta do professor a partir dos diálogos e reflexões feitos em grupo dará as pistas para que ele proporcione experiências significativas, alinhadas com o processo de desenvolvimento, os interesses, as vivências e as inquietações de todos. Ao garantir um espaço para o lúdico, para a fruição e para a satisfação que o esforço e a aprendizagem permitem, podemos ajudar os alunos a encontrar seus caminhos.

> "Para que isso aconteça, precisamos exercitar constantemente uma escuta qualificada e dialogar com os caminhos trilhados pelos alunos, propondo cenários para que estes conhecimentos se desenvolvam e se tornem mais consistentes e conscientes." (PARREIRA e NOGUCHI, 2009. p.10)

Na Educação Física Lúdica, a construção do currículo desenha-se a partir da observação, da escuta e do diálogo.

Em artigo publicado na revista *Pátio*, em 2010, Fernando Hernandez e Marisol Anguita dizem que o

> "currículo é uma viagem em torno de projetos de trabalho que nos convidam à criação de uma comunidade de intercâmbio, diálogo e reflexão".

Consideramos que 'currículo' refere-se à relação que um professor constrói com cada uma das crianças de seu grupo. Não é uma lista de objetivos, competências e conteúdos. É, acima de tudo, uma experiência de relação que nos possibilita interrogar, descobrir e dar sentido à nossa relação com o mundo, com os outros e com nós mesmos".

Segundo Hernandez (2010), aprender é uma prática afetiva e não apenas uma questão cognitiva "uma conversa que sirva de ponte entre o sentido de ser dos aprendizes, o ambiente de aprendizagem e a conexão que se estabelece com o que se aprende".[4]

É necessário considerar que os conteúdos deverão estar muito próximos da estrutura cognitiva dos alunos, bem como de seus interesses e expectativas de conhecimento. Um currículo dinâmico que vá buscar o aluno no ponto em que ele está e o estimule a avançar, alcançando novos desafios.

Em sua teoria, Vygotsky (1998) descreve este ponto como zona de desenvolvimento proximal, isto é, a distância entre o nível de desenvolvimento real (que se costuma determinar por meio da solução independente de problemas pelo aluno), e o nível de desenvolvimento potencial (que é determinado por meio da solução de problemas sob a orientação de um adulto ou com a colaboração com companheiros mais capazes).

---

4 Disponível em: <http://www.revistapatio.com.br>.

Figura 2.4 Desafios
Fonte: Arquivo pessoal do autor

Para atuar na zona proximal de desenvolvimento dos alunos será necessário que o professor faça escolhas, apoiadas em princípios que valorizem a formação integral do aluno nos aspectos físicos, sociais e culturais. No caso da Educação Física Lúdica, tais escolhas priorizam a diversidade em detrimento da especialização. Possibilita, assim, ao aluno, maior diversidade de experiências, implicando dedicar o tempo a uma maior variedade de atividades, tempo esse que, no caso da especialização, seria dedicado ao treinamento dos movimentos fundamentais de cada esporte.

■

3 Por que avaliamos antes de terminar o processo?

Ao tratar de avaliação, a proposta da Educação Física Lúdica parte do princípio de que a avaliação dos processos e resultados percorridos pelos alunos traz informações imprescindíveis para ajustar, progressiva e continuamente, a ajuda que o professor pode oferecer aos alunos no processo de construção das aprendizagens.

Neste capítulo, a avaliação será tratada seguindo os pensamentos de Zabala (1998) e Coll (1999), por entendermos que ambos não só tratam a questão da avaliação de forma ampla, abrangente e integrada ao processo de aprendizagem, como também propõem reflexões sobre por quê, como, o quê, quem e quando avaliar. Além disso, abordam a avaliação nos três conteúdos de aprendizagem vistos anteriormente – os conceituais e factuais, os procedimentais e os atitudinais –, que promovem as capacidades motoras, de equilíbrio e de autonomia pessoal, de relações interpessoais e de inserção social.

Zabala e Coll acreditam que a avaliação deva ser compartilhada. Para isso, ela precisa ser vista como pertencente a um clima de cooperação e cumplicidade entre professores e alunos.

Diz Zabala (1998) que, tradicionalmente, quando se fala em avaliação, pensa-se imediatamente nos resultados obtidos pelos alunos. Professores, pais e alunos referem-se à avaliação como um instrumento para medir o grau de alcance dos alunos frente aos objetivos previstos pela instituição "basicamente a avaliação é considerada como instrumento sancionador e qualificador em que o sujeito da avaliação é o aluno e somente o aluno, e o objeto da avaliação são as aprendizagens realizadas segundo certos objetivos mínimos para todos." (ZABALA, 1998, p.195).

Figura 3.1 Avaliação
Fonte: Arquivo pessoal do autor

Porém, após as reformas educacionais mais recentes, várias instituições e muitos grupos de educadores mais inquietos propõem formas de avaliação que não se limitam à valoração dos resultados obtidos pelos alunos; propõem como dimensões da avaliação o processo realizado, a evolução pessoal, o processo coletivo de ensino/aprendizagem e as pessoas envolvidas nesse processo, como os alunos, os professores e toda a comunidade escolar.

Por se tratar de avaliação de um processo de ensino/aprendizagem, a proposta elimina a ideia da avaliação apenas do aluno como sujeito que aprende; propõe não só uma avaliação de como o aluno aprende, mas também de como o professor ensina.

A pergunta inicial – necessária para que se entenda qual deve ser o objeto da avaliação e qual deverá ser o sujeito da avaliação –

é "por que se deve avaliar?". Ela não será respondida facilmente. A partir das respostas, surgirão outras perguntas, por exemplo: o que avaliar, a quem se deve avaliar, como ou de que forma avaliar, e como informar os resultados obtidos.

Considerando a singularidade de cada aluno que chega à escola com sua diversidade de bagagens em relação às experiências vividas, e sabendo que essas variáveis implicam diretamente nos conteúdos e formas de ensinar, a primeira preocupação do professor é a de preparar uma avaliação inicial que responda às seguintes perguntas:

1. O que sabem os alunos a respeito do que pretendo ensinar?
2. Que experiências prévias tiveram em relação a esses conteúdos?
3. O que são capazes de aprender?
4. Quais são seus interesses?
5. Quais são seus estilos de aprendizagem?

Quando se chega nesse ponto, a avaliação já não pode mais ser estática, apenas de análise de resultados, e passa a ser um processo. Nessa fase, a avaliação é denominada por Zabala como **avaliação inicial,** que consiste em conhecer o que cada aluno sabe fazer, o que pode chegar a saber.

Um tipo de avaliação inicial simples pode ser aplicado desde o primeiro encontro do professor com cada turma de alunos. Por meio da sistematização do método de observação, o docente já pode obter muitos dados importantes, desde que se prepare para isso.

Um caderno dividido em partes, uma para cada turma, é o que utilizo diariamente para esse tipo de observação (devido à praticidade e à minha identificação com esse método), para registrar as observações feitas ao longo das aulas. Outras formas de registro serão igualmente válidas: fotos, vídeos, anotações em fichas individuais, lista de alunos em formas de tabela etc.

O importante é que se faça o registro e, à medida que este contiver maior riqueza de detalhes, será proporcionalmente melhor aproveitado. Em geral, os professores de Educação Física têm que dar conta de várias turmas e somente o registro aula a aula de cada uma delas permitirá uma fiel continuidade do trabalho a cada encontro. Portanto, o registro deve conter o conteúdo desenvolvido a cada aula e como cada turma progrediu em relação a ele. Todo esse processo servirá para o professor propor encaminhamentos mais próximos da realidade de cada um e, portanto, mais prováveis de promover aprendizagens significativas.

Para sistematizar é necessário que o professor formule questões a respeito do que quer avaliar. Sabemos que a escolha dessas questões originam-se da resposta à primeira pergunta: por que quero avaliar?

Então pergunto aqui: por que quero avaliar?

Especificamente, nesse momento inicial, avalio para conhecer características – de cada turma e de cada aluno – que forneçam pistas para adequar a forma com que serão encaminhados os conteúdos previstos.

O que preciso conhecer dos alunos? Diante dessa pergunta é possível fazer o levantamento de diversas questões:

- Como se concentram e se comunicam na conversa feita em roda? Cabe aqui explicar que as aulas se iniciam e terminam com todos sentados em formação circular, inclusive o professor, por facilitar a comunicação entre todos. Observar se os alunos estão concentrados, se esperam a vez para falar, qual aluno fica conversando com os colegas do lado e não presta atenção, qual sugere ideias, quais são os alunos que fazem comentários, quais comentários podem contribuir para o planejamento de futuras atividades...

- O que gostam de jogar e o que gostariam de aprender, tanto individualmente como coletivamente?

- Como jogam? Com relação às habilidades: se demonstram dominar o jogo proposto, se o desconhecem, se jogam com fluência, quais alunos se destacam acima ou abaixo da média, se há combinados coletivos sobre posições e táticas.

- Como jogam? Com relação às atitudes: se conhecem as regras do jogo, se cooperam, se respeitam, se jogam concentrados, se jogam comprometidos com o time, quais os alunos que "se escondem" durante a partida, os dispersos, os ativos...

- Como se organizam? Com relação à escolha de times: quais formas de escolha utilizam, se é por "capitães" (que alternadamente escolhem os jogadores para compor seu time um a um), se formam agrupamentos livres por afinidades, por habilidades, preocupados em equilibrar os times, ou aceitam times mais "fortes"...

- Há liderança? Fatos que mostram quem assume lideranças e se há respeito por elas, se as lideranças são positivas, se são compartilhadas, se são autoritárias, por coação, por ameaça velada ou explícita...

- Como aceitaram a proposta? Esta pergunta pode ser respondida pela observação do grau de interesse e envolvimento dos alunos, ou mesmo perguntando a eles o que acharam da proposta.

Com as perguntas formuladas, o olhar, a escuta e o registro estarão atentos a elas. Provavelmente, uma aula não será suficiente para fornecer dados consistentes que respondam a todas as perguntas, e talvez seja necessário que a avaliação seja o objetivo por algumas aulas, até que as próprias respostas, além de fornecerem os dados esperados, comecem a sugerir novas perguntas que serão sistematizadas novamente ao longo do processo, e assim por diante.

Segundo Zabala (1998), esse conhecimento é o ponto de partida que, em relação aos objetivos e conteúdos de aprendizagens previstos, proporciona referências para o professor definir hipóteses de intervenção ou organizar uma sequência de atividades de aprendizagem.

Na prática, essa avaliação inicial é feita tanto no início do ano letivo, para se conhecer de forma geral as características coletivas de cada turma e as características individuais de cada aluno, como também no início do trabalho com cada área de conteúdo. No caso da Educação Física, o que sabem ou em que ponto estão diante de cada objetivo previsto.

Quando se pretende ensinar um jogo, é importante conhecer o que sabem os alunos sobre o jogo e em que níveis de competência já o fazem – no caso de habilidades específicas de um jogo, por exemplo, pular corda, que envolve ritmo, equilíbrio, resistência e destreza – para, a partir daí, propor atividades adequadas ao seu desenvolvimento, isto é, nem tão fáceis que não promovam progresso nem tão difíceis que os desmotive por considerarem inatingíveis. É o que chamamos de buscar o aluno onde ele está, para poder se trabalhar na zona de desenvolvimento proximal.

Sabemos, porém, que os alunos são diferentes em cada ocasião e que as experiências educativas não seguem um padrão previamente determinado em função dessa diversidade. Não se repetem da mesma forma para diferentes alunos/turmas, e isso implica a necessidade de se adequar a diferentes alunos, diferentes variáveis educativas – tarefas, atividades, forma de agrupamentos, tempos etc.

O próximo passo, nomeado de **avaliação reguladora**, tem a finalidade de explicar as características de adaptação e adequação dos alunos frente às propostas iniciais; surge como condição essencial para se dar continuidade ao processo, pois mostra, conforme se desenvolve o plano previsto e conforme a resposta dos alunos a esse plano, o caminho para se introduzir atividades novas que comportem desafios mais adequados e ajudas mais efetivas.

Podemos utilizar como forma de avaliação reguladora as reflexões feitas ao final de cada atividade, momentos em que os alunos comentam as situações ocorridas durante o jogo, falam sobre o que deu certo, expressam as emoções que sentiram em determinadas situações, reclamam de atuações inadequadas dos colegas, explicitam o que precisam melhorar e o que acham necessário aprender ou praticar mais.

Simultaneamente, ocorre a avaliação da atuação do professor, da eficácia do método utilizado, da percepção de quais formas de conduzir o trabalho foram mais adequadas, do que não deu certo e o porquê disso: por quais caminhos os alunos de cada classe progrediram mais...

Considerando que esse processo permitiu avaliar que cada aluno atingiu um patamar diferente diante dos objetivos previstos, chega o momento de validar as atividades propostas, de conhecer a situação de cada aluno e de tomar as medidas educativas pertinentes.

Para tanto, faz-se necessário sistematizar o reconhecimento do progresso seguido. Isso requer tanto que se apurem os resultados conseguidos, isto é, as competências alcançadas em relação aos objetivos previstos, como que se analisem os processos e os progressos de cada aluno, por meio de uma **avaliação final, ou somativa.**

Aqui, Zabala afirma que se trata de ordens diferentes; prefere utilizar o termo avaliação final àquela que se refere aos resultados obtidos e aos conhecimentos adquiridos. O termo avaliação somativa ou integradora àquele que se refere à avaliação de todo o processo percorrido pelo aluno.

"A avaliação formativa ou integradora é entendida como um informe global do processo que, a partir do conhecimento inicial (avaliação inicial), manifesta a trajetória seguida pelo aluno, as medidas específicas que foram tomadas, o resultado final de todo o processo e, especialmente, a partir desse conhecimento, as previsões sobre o que é necessário continuar fazendo ou o que é necessário fazer de novo." (ZABALA,1998, p.200).

Sabemos, portanto, da existência de diferentes tipos de avaliação que podem e devem cumprir funções distintas. Consequentemente, sabemos também da necessidade de utilizar processos e técnicas de avaliação, igualmente diferenciados.

4 Vamos treinar ou jogar? Podemos treinar jogando?

Quando a prática da atividade motora que acontece nas aulas é realizada sem significado e sentido, ou seja, sem a compreensão sobre esta execução e suas implicações, pode ser uma prática pouco relevante. Por exemplo, se nosso aluno não conseguir compreender quais as contribuições que a aprendizagem de habilidades específicas do futebol podem lhe trazer, não verá sentido nas aulas de Educação Física. A compreensão do sentido e significado deve nortear a utilização do "saber fazer" deste jogo.

"Saber fazer" pode ser o ponto inicial do ensino da Educação Física, e assim deve ser valorizado. Entretanto, com este saber é preciso que o aluno aprenda como, quando e por que utilizar esse potencial.

A Escola da Ponte traz enorme contribuição para a reflexão sobre aprendizagem significativa. Entende que o conhecimento verdadeiramente significativo é construído pela própria pessoa a partir da experiência, e a aprendizagem é um processo social em que os alunos constroem significados a partir da experiência. Por isso é indispensável a concretização que se destina a todos os alunos, e que seja desenvolvido de modo diferente por cada um, pois todos os alunos (e professores) são diferentes.

Os alunos fazem assim...

Em uma conversa com alunos de 11 anos durante aula de futebol, as alunas disseram que os meninos jogam melhor que as meninas. Ao perguntar a elas o porquê dessa afirmação, responderam que é devido ao fato de que os meninos praticam mais. Sugeri, então, que jogassem juntos em times mistos, para que as meninas pudessem aprender a jogar futebol aproveitando a experiência acumulada dos meninos.

A reação imediata, principalmente por parte das meninas, foi de recusar a proposta. Não me parecia lógico que recusassem o convite. Para esclarecer, perguntei por que não queriam jogar juntos.

Foram várias as justificativas. As mais representativas do grupo eram de duas ordens:

- Os meninos não passam a bola para as meninas. De ordem subjetiva, expressa o sentimento de insatisfação por não compartilhar do jogo com os meninos que intencionalmente só jogam entre si.

- Os meninos são muito violentos. De ordem objetiva, expressa a real situação de força, que coloca em risco a integridade física das meninas.

Então perguntei aos meninos:

— É verdade o que as meninas estão falando?

A resposta dos meninos foi unânime:

— Não passamos a bola porque elas não "aparecem".

Com essa fala estava claro que, no futebol, o passe para o colega de time é proveniente da necessidade de ajuda que este pode oferecer àquela jogada, e não como um favor para que ele participe do jogo. Este fato é frequente em jogos entre meninos. Aquele que não tem habilidade suficiente fica isolado e não recebe a bola. E as justificativas são claras, pois, ao passar a bola para tal jogador, este a perde para o adversário. Ou, então, por inabilidade de movimentação, não se coloca em condição favorável para receber um passe, permanecendo escondido atrás do adversário.

Nesse momento propus que conversassem a respeito de um jogo misto e o que seria necessário acontecer para que ele fosse, além de agradável, efetivo no processo de aprendizagem.

Figura 4.1 Futebol
Fonte: Arquivo pessoal do autor

Ouvi os argumentos que serviram de base para o encaminhamento de uma proposta que objetivava a construção coletiva do processo de aprendizagem. Para melhor compreensão do leitor, organizo aqui separadamente as colocações das meninas e dos meninos. Em seguida, a proposta que fiz depois das falas dos alunos.

Fala das meninas	Falas dos meninos
• Eles não passam a bola para as meninas. • Eles chutam muito forte. • Eles brigam quando a gente erra. • Eles nos xingam de burras. • Eles são brutos. • Eles são violentos.	• Elas não aparecem. • Elas não se mexem. • Elas não pedem a bola. • Elas chutam a gente. (referindo-se aos chutes que erram a bola e acertam a perna) • Elas não sabem jogar. • Não dá confiança passar a bola para uma menina. • Elas não levam a sério. • Elas não pegam o passe. • Elas chutam torto.

Pedi que estabelecessem combinados para que pudessem jogar evitando tais problemas. Combinaram, então, deveres para as meninas e para os meninos.

As meninas deveriam:	E os meninos deveriam:
• Prestar atenção no jogo. • Acompanhar a movimentação do time. • Procurar espaços livres de adversários para receber a bola. • Cuidar para não chutar a canela do adversário. • Pedir a bola, gritando para quem estivesse com a bola.	• Chutar mais fraco no caso de o goleiro ser menina. • Não utilizar jogo de corpo (empurrar com o ombro) para disputar bola com as meninas. • Orientar a movimentação das meninas em quadra. • Respeitar as meninas. • Confiar nelas e passar a bola.

Enfim, o jogo

Pude observar, nesse jogo, que todos estavam comprometidos com o combinado. A partida foi fluente, e todos os aspectos levantados anteriormente foram, de fato, levados a sério pelos alunos.

Notei também que os meninos estavam orgulhosos no papel de ensinar as meninas a jogar futebol, e não perdiam a chance de realizar jogadas de beleza plástica, com dribles que normalmente não têm oportunidade de fazer num jogo só entre meninos, pois a pouca experiência das meninas oferece pequeno risco de fracasso nesse tipo de jogada. Pareciam pavões, de cauda bem aberta, chamando a atenção sobre seus predicados.

As meninas puderam experimentar um jogo aberto e fluente, diferente do que estavam acostumadas quando jogavam entre si.

Após a partida, fizemos uma roda para a avaliação. Todos os comentários foram positivos e relatavam situações que não eram esperadas pelos alunos.

As meninas disseram	Os meninos disseram
• O jogo foi bom. • Aprendemos com os meninos a sermos mais rápidas. • Aprendi a controlar meu pé. • Fomos respeitadas pelos meninos. • No jogo com os meninos não formamos "bololô" (querendo dizer que entre meninas é comum o aglomerado de todas em torno da bola). • Eu fui preconceituosa, pensei que não seria legal jogar futebol com os meninos, mas o jogo foi superlegal. • É! Foi mais legal jogar com os meninos do que só entre meninas!	• As meninas levaram a sério. • No "nosso" jogo (entre meninos) sempre tem brigas e nesse não teve. • O jogo foi divertido. • O que nós aprendemos com as meninas? – perguntou um menino. • Aprendemos que dá pra jogar sem ficar brigando por tudo – respondeu outro menino. • Os meninos são mais competitivos.

A partir da autoavaliação, os alunos acabaram por fazer um levantamento preciso e detalhado do que é necessário para um bom jogo de futebol em qualquer circunstância, e não apenas entre meninos e meninas. E aprenderam com isso.

O mais comum em jogos de futebol na escola é que instruções de ordem são impostas pelo professor, independentemente do diálogo reflexivo sobre elas, ficando assim desprovidas de significado para os alunos e, consequentemente, menos eficientes.

5 Um olhar generoso para a diversidade

Fruto de uma vivência escolar tradicional e de uma universidade de Educação Física alicerçada em uma prática de atividade física herdada do militarismo, passei por um momento inicial na década de 1980 em que o fato de um aluno de seis ou oito anos não querer participar de um jogo proposto por mim causava-me incômodo.

Minha reação foi muitas vezes pouco adequada do ponto de vista afetivo, quando impunha a eles a obrigação de participar, vinculada de alguma forma a castigo, falando: "Isso aqui é uma aula organizada, que tem começo meio e fim. Se vocês não jogarem este jogo, não vão poder participar do resto da aula nem do final, quando vai haver horário livre para brincar do que quiserem".

Essas imposições resultavam frequentemente em tentativas frustradas em que os alunos não entravam no jogo, e eu ainda lhes tirava a oportunidade de interagir com os colegas em outra atividade. Tampouco procurava investigar o motivo pelo qual não queriam participar da aula. Naquele momento o que soava mais forte para mim era que teriam de participar das atividades da aula, e ponto final.

Segundo estudos recentes, esse comportamento ainda ocorre com frequência entre os professores de Educação Física Tradicional, quando o aluno que não participa é submetido a castigos e ameaças diversas.

Tive oportunidades de dialogar e refletir exaustivamente com grupos de educadores, desde estagiários até mestres, sobre minhas inquietações. E, com o tempo, o professor inseguro que utilizava recursos pouco didáticos para "manter a ordem" foi dando lugar a um professor mais humano, que respeita e escuta o aluno e que atua de forma consciente, com respeito à diversidade, cuidadoso com o "ser" de cada um, inserido no processo coletivo.

Tal mudança de comportamento foi ocorrendo na medida em que fui tomando consciência de que o fato de um aluno não participar da "minha" proposta poderia ser por uma razão/dificuldade dele e não pelo fato de que a minha aula era ruim, o que me causava desconforto, a ponto de querer forçar a participação dos alunos.

Podemos utilizar alguns indicadores para identificar a causa desta recusa, que pode ser de ordens diversas. Entre inúmeros motivos, o aluno pode não querer participar por:

- não ter segurança suficiente para enfrentar tal situação;
- não saber jogar direito;
- não encontrar o desafio necessário que o estimule a jogar;
- achar que o desafio está além de suas capacidades;
- estar vivendo algum tipo de situação conflitante com determinados colegas;
- forma de protesto pelo fato de não ser o jogo de que mais gosta;
- não gostar do jogo apresentado.

Os indicadores norteiam o professor, mesmo que indiquem que sua aula está de fato ruim. Por exemplo: Se em uma turma de vinte alunos, três não participarem, posso afirmar que provavelmente o problema é com os alunos; mas se quinze não quiserem participar, é bem provável que o problema seja meu. Então este é um indicador que me diz que devo rever a proposta para torná-la mais adequada e atraente.

Os alunos fazem assim...

Em 1996, tive uma aluna de sete anos chamada Maria que não participava das aulas de Educação Física.

Passei o primeiro semestre convidando-a para jogar e conversando com ela para saber o que a incomodava ou o que ela gostaria de jogar. Apesar de não jogar, Maria estava sempre no ambiente da aula. Observava as atividades todo o tempo e tinha expressões de emoções parecidas com as dos alunos que estavam jogando. Participava das conversas e das discussões de reflexão e avaliação das aulas, inclusive opinando sobre jogos que "não jogou".

Certo dia na escola, encontrei a mãe de Maria. Ela apresentou-se dizendo que a filha adorava as aulas de Educação Física e que sempre contava em detalhes tudo o que "havia feito". Percebi nesse momento que ela não sabia que Maria não participava das aulas. Ao mesmo tempo, descobri que eu também não havia percebido que Maria – que aparentemente não participava das aulas, pois não jogava – de outra forma, participava de todas as aulas, como observadora.

No segundo semestre, ao retornar das férias, como se nada houvesse mudado, Maria participou ativamente em todas as aulas, por opção própria. Dominava a rotina e sabia jogar todos os jogos, tanto em relação às regras quanto em relação à dinâmica e ao funcionamento. Não teve dificuldades motoras e apresentou um rendimento semelhante aos de outros alunos, pois mesmo participando dos jogos, os alunos tinham, entre si, níveis diferentes de atuação e envolvimento. Havia os ativos, os dispersos, os mais corajosos – que se arriscavam mais –, os mais cautelosos – que se arriscavam menos – e até os que estavam no jogo, mas pediam aos colegas que não lhes passassem a bola.

A decisão de participar ativamente partiu da própria Maria no momento em que ela se sentiu "pronta" e segura, isto é, no seu tempo e não no meu.

Em seu livro *Inteligência Emocional*, Daniel Goleman descreve um caso parecido no capítulo "Um Tipo Diferente de Inteligência":

"Para um observador casual, Judy, de quatro anos, pode parecer deslocada entre os coleguinhas mais gregários. Retrai-se na hora das brincadeira, ficando mais de fora do que mergulhando nos jogos. Mas Judy é, na verdade, uma perspicaz observadora da política social praticada em sua turma no pré-primário. Judy talvez seja, ali, a criança mais sofisticada no discernimento das idas e vindas dos sentimentos dos integrantes da turma.

Essa sofisticação só se torna visível quando sua professora reúne as crianças de quatro anos em volta de si para brincar do que chamam de Jogo da Sala de Aula. Essa brincadeira – uma réplica infantil da própria sala do pré-primário de Judy, em que são colados personagens cujas cabeças são fotografias dos alunos e professores – é um teste de percepção social. Quando a professora de Judy lhe pede que ponha cada menina e menino na parte da sala onde mais gostam de brincar – o cantinho da arte, o de montar blocos e outros –, ela o faz com total precisão. E quando lhe pedem que ponha um deles com quem mais gosta de brincar, ela mostra que sabe combinar os melhores amigos da classe.

A precisão de Judy revela que ela detém um perfeito mapeamento social de sua turma, um nível de percepção excepcional para uma criança de quatro anos. Essas são aptidões que, na vida posterior, permitirão que Judy seja brilhante em qualquer área em que as 'aptidões pessoais' sejam úteis, atividades essas que vão do comércio e administração até a diplomacia". (GOLEMAN, 2007, p. 60 e 61)

Casos como o de Maria ou de Judy sempre estiveram presentes na rotina dos professores, mas aquilo que tempos atrás era encaminhado de forma excludente (colocar as crianças em classes especiais) hoje já é tratado de forma integradora. O olhar atento às características individuais favorece ao professor, pelo afeto, tomar atitudes cada vez mais pertinentes no sentido de acolher e inserir o aluno no processo coletivo, respeitando seu tempo e/ou sua condição particular. ∎

6 Jogo na Educação Física Lúdica

Neste capítulo analiso como o aluno desenvolve procedimentos, conceitos e valores morais por meio do jogo; como progride com relação às suas capacidades físicas, cognitivas e sociais (afetivas) e como estabelece relações que o levam a desenvolver vários campos de conhecimento. Ao mesmo tempo, proponho um olhar mais atento à atuação do professor que na ansiedade de ensinar a jogar, muitas vezes rouba a oportunidade de o aluno descobrir seus próprios caminhos, apresentando soluções e estratégias, pensando que assim o aluno "aprenderá o jogo da forma certa".

Para melhor compreensão desse processo, descrevo o jogo de Pique Bandeira, utilizado para reflexão. No relato do processo vivido pelos alunos de seis a sete anos na aprendizagem do jogo, poderemos perceber como tais conteúdos aparecem e se desenvolvem.

Trata-se de um jogo coletivo, competitivo, disputado entre duas equipes. Divide-se o espaço de jogo ao meio e cada equipe possui um campo onde pode transitar livremente. Atrás da linha de fundo do campo do adversário fica a área da bandeira, com uma bandeira que a equipe deverá trazer para seu campo. Atrás do seu próprio campo, está a área com a bandeira que deverá ser transportada pelo adversário. A equipe que primeiro trouxer a bandeira para seu campo marcará um ponto no jogo.

Para se chegar à área da bandeira, é necessário atravessar o campo do adversário, no qual pode ser pego por qualquer jogador do outro time. Caso seja pego, deverá ficar parado no lugar aguardando que um companheiro de equipe o "salve" com um toque. Ao conseguir entrar na área da bandeira estará protegido sem poder ser pego. Deverá, porém, atravessar novamente o campo do adversário carregando a bandeira sem ser pego, até chegar com ela ao seu campo para marcar o ponto. Se for pego, fica parado e a bandeira é devolvida para a área.

A cada ponto marcado, todos assumem a posição inicial para o reinício do jogo em busca do próximo ponto.

São vários os aspectos que podem ser observados e trabalhados nesse jogo. Separo-os, portanto, para que sejam identificados e abordados cada qual com sua respectiva relevância.

Observando a evolução desse processo de aprendizagem em um grupo de alunos de seis anos que não conheciam o jogo, foi possível identificar algumas fases distintas de aquisição de conhecimento dos alunos.

6.1 A fase de experimentação

É a fase que, segundo a proposta de Educação Física Lúdica, serve como reconhecimento dos alunos sobre a dinâmica do jogo, ao contrário da Educação Física Tradicional, na qual o professor, logo após ensinar o jogo, já estabelece as funções e obrigações de cada jogador.

É o momento no qual o aluno, pela livre experimentação, fará as primeiras descobertas de possibilidades de se alcançar o objetivo do jogo.

Figura 6.1 Pique bandeira
Fonte: Arquivo pessoal do autor

Os alunos fazem assim...

Após apresentar as regras aos alunos e pedir que se preparassem, dei o sinal de início de jogo. A maior parte dos alunos saiu em disparada em direção à área para buscar sua bandeira. O primeiro aluno a chegar pegou a bandeira e rapidamente a trouxe para seu campo, marcando assim o primeiro ponto do jogo.

Observei, contudo, alguns alunos que não participaram ativamente desse ponto, como se tivessem utilizado o tempo de jogo para observação do que acontecia ou mesmo não tiveram a iniciativa de correr em busca do objetivo, precisando de um tempo maior para a elaboração de uma atitude mais ativa.

Ao anunciar o ponto realizado por uma equipe, pedi que se preparassem novamente para uma nova jogada. Nesta fase, o jogo ainda está mais parecido com uma prova de velocidade do que com o jogo propriamente dito, pois a dinâmica é primária, isto é, não há nenhuma elaboração aparente de estratégia.

Ao dar reinício ao jogo, pude observar uma postura diferente em relação ao início. Alguns dos alunos que não tinham avançado no primeiro ponto investiram desta vez, na tentativa de pegar a bandeira para marcar o ponto, enquanto que outros se posicionaram de maneira defensiva a fim de impedir que o adversário conseguisse entrar na área da bandeira. Assim foi sucessivamente por seis pontos.

A intervenção do professor lúdico, nessa fase, vem no sentido de encaminhar o diálogo na direção de compartilhar as experiências dos alunos no primeiro momento de jogo, seja de sucesso, seja de insucesso.

Na aula seguinte, o jogo apresentou evolução. Alguns alunos se preocuparam em evitar que o adversário avançasse sobre seu campo, criando barreiras para pegá-los, impedindo sua progressão. E, nesse momento, outros alunos, observando essa postura, imitaram-na com o mesmo propósito, em benefício do seu time.

Alunos que foram pegos na tentativa de ataque passaram a procurar formas mais eficientes de avançar. Outros passaram a assumir a posição defensiva, repetindo em relação ao adversário a mesma ação sofrida por eles pelos jogadores do time oposto.

Aqui fica claro como a aquisição de conhecimento acontece também por imitação, pois rapidamente alguns alunos – mais observadores – ao perceberem a eficácia da ação da defesa, posicionaram-se de forma a também evitar o ataque do adversário...

6.2 Descobrindo estratégias

É a fase de adaptação ao jogo com o propósito de melhorar o desempenho. Diante das repetições e acomodações dos conhecimentos adquiridos até aqui, os alunos percebem que podem ser mais eficientes e que podem impedir o adversário de marcar seu ponto. Experimentam, então, ações com esse propósito, percebendo a necessidade de uma estratégia que defina sua atuação.

Outras possibilidades aparecem como opções a serem realizadas no decorrer deste processo e o aluno vai experimentando-as. O que num primeiro momento foi pura experimentação tende a emergir de forma mais elaborada com a repetição. A cada tentativa repetida, o aluno sedimenta mais o conhecimento adquirido e, diante das situações diversificadas do jogo, aumenta seu repertório de experiências, progredindo em seu conhecimento. Passam a experimentar duas funções básicas, a função de atacante ou de defensor, expressas por "ataque" e "defesa".

Os alunos fazem assim...

A partir daí, alguns alunos fixam-se com objetivos específicos de ataque ou defesa, percebendo que devem, em qualquer situação, salvar seus companheiros pegos. Até este momento, nenhum aluno combinou posições com outros, mas passaram a assumi-las, principalmente na posição de ataque, sendo poucos os que se posicionam na defesa.

6.3 A cooperação dentro da equipe

Indícios de cooperação, ainda muito escassos até agora, começam a aparecer naturalmente. Movimentos de jogo que consideram o outro – o colega de equipe –, que até agora se restringiam a salvar um colega que estivesse pego, aparecem nesta fase com maior frequência. Os alunos começam a elaborar estratégias, chamadas por eles de "planinhos", nas quais estabelecem funções e ações correspondentes.

Figura 6.2 Planinho
Fonte: Arquivo pessoal do autor

Os alunos fazem assim...

A cooperação se manifesta naturalmente como necessidade para a evolução do jogo. Os alunos percebem a necessidade de se organizarem para terem mais força, apropriando-se do conceito de time, como um conjunto de pessoas organizadas em busca de um objetivo comum.

Pedem um tempo para que possam conversar sobre essas estratégias, sempre antes de começar cada jogo. Reúnem-se e combinam as funções de cada um.

É comum observar, no início do processo de aprendizagem do jogo de Pique Bandeira entre alunos de seis/sete anos, que, basicamente, o que combinam é separar dois subgrupos, um de ataque e outro de defesa.

Quando jogam com times mistos, é também recorrente a liderança dos meninos que, por imposição, definem quem fica em cada função; não menos comum é o fato de colocarem as meninas na defesa, e os meninos no ataque. Ficam, assim, os meninos com a parte mais prazerosa.

Quando o jogo é realizado somente entre meninos ou entre meninas, percebe-se claramente o surgimento de lideranças.

Entre meninas, são mais frequentes os conflitos e discussões sobre quem assume o papel de liderança. Elas, para resolver tais conflitos, utilizam um tempo consideravelmente maior em relação aos meninos, que costumam ser mais práticos e rápidos com relação a esta etapa do jogo.

6.4 Intervenções do professor

Esse processo, que ocorreria espontaneamente entre as crianças em contextos não escolares, quando acontece no ambiente escolar fica sob a tutela do professor.

O professor, comprometido com o processo construtivo da aprendizagem e com a aprendizagem significativa, deve procurar formas de intervenções que possibilitem, pelo diálogo, estimular os alunos às discussões que os façam refletir sobre o processo vivido e a criar coletivamente novos caminhos que os satisfaçam na resolução dos conflitos encontrados. Por exemplo, perguntando se a estratégia adotada funcionou e se todos ficaram satisfeitos com essa forma de jogar.

Porém é comum observar na Educação Física Tradicional a intervenção do professor impondo a sua solução para cada conflito, por exemplo, definindo duas turmas, uma de ataque e outra de defesa, e estabelecendo que façam um rodízio entre as posições a cada partida. Esse professor talvez esteja pensando que, assim, garante que todos aprendam a atacar e a defender. Não percebe que essa intervenção tira do aluno a possibilidade de construir e experimentar hipóteses para resolver os problemas: satisfaz-se com o resultado apresentado. Será que este grupo realmente estaria precisando disso neste momento ou isso serviu para atender uma ansiedade do professor? Será que isso fez os alunos pularem uma etapa do processo que é a de pensar sobre a solução dos problemas? Ou será que o professor ensinou o jeito certo e assim eles aprenderam a se organizar melhor?

Não poderemos aqui responder a essa pergunta, mas devemos refletir a respeito e pensar se existem outras formas de intervenções mais adequadas e significativas à realidade de cada grupo, portanto mais auxiliadoras no processo.

O importante nesse procedimento é que o professor garanta o espaço para que os alunos experimentem suas próprias ideias e seguidamente as avalie, podendo comparar ou não com outras experiências, porém, utilizando a avaliação a serviço da continuidade do processo. Quando os alunos têm por hábito pensar a respeito das estratégias e liberdade para criá-las, percebe-se que evoluem para níveis cada vez mais sofisticados.

6.5 Objetivos do professor

A qualquer tempo, porém, o professor pode, de acordo com os objetivos previstos, propor que os alunos joguem o mesmo jogo, e, desta vez, obrigatoriamente façam o rodízio de posições, ou mesmo determinar quais serão os jogadores do ataque e quais serão os da defesa. Se as propostas vierem acompanhadas de um motivo que o levou a essa proposta e se este motivo for compartilhado com o grupo, certamente a proposta trará consigo um significado para os alunos e, consequentemente, mais eficiente será.

6.6 O respeito às regras

Uma questão que rotineiramente acontece em um jogo de Pique Bandeira é sobre o respeito às regras do jogo, principalmente a regra de parar quando foi "pego" pelo adversário. Apesar de variar de grupo para grupo, essa questão surge entre os alunos de seis/sete anos até os de dez/onze. Segundo Piaget (1994), essa idade corresponde à fase da cooperação, isto é, quando a criança precisa estabelecer regras uniformes e justas para que possa comparar a sua habilidade ou competência em relação à habilidade ou competência do outro, tentando superá-lo.

Visto que há um intervalo de idades bastante grande entre seis e onze anos, atitudes como a de ser pego e não parar mostram significados diferentes de acordo com a idade, devendo, portanto, ser tratadas com cautela. Quando acontecem com crianças de seis anos, que inconscientemente não aceitam o fato que as desagrada, podem não ser da mesma ordem de quando acontecem com crianças de dez anos, que conscientemente tomam a atitude de fingir que não foram pegas pelo mesmo motivo do desagrado.

Ambos os casos devem ser avaliados e levantados à luz de todos, para coletivamente serem julgados e efetivamente poderem contribuir na formação do juízo moral da criança.

7 Regra – Elemento da construção do juízo moral

Em todas as faixas etárias ao longo do período escolar, as regras estão presentes na instituição escolar e ocupam um papel extremamente importante no desenvolvimento do juízo moral. A proposta da Educação Física Lúdica considera a importância de entendimento e apropriação dessas regras pelos alunos, portanto dedica o tempo necessário para que elas sejam pensadas, discutidas e combinadas.

Figura 7.1 Regras
Fonte: Arquivo pessoal do autor

Em uma pesquisa realizada pela professora Silvana Freire, em 1982, um grupo de crianças realizava jogos sem o estabelecimento prévio das regras, ao passo que um outro o fazia na forma tradicional, isto é, obedecendo a um conjunto de regras imposto pelo professor. Eram alunos da 3ª série do segundo grau que atualmente corresponde ao 3º ano do ensino médio. Coincidentemente, os que faziam parte do grupo de regras livres chegavam por conta própria a construir um conjunto de normas que eram mais ou menos as mesmas obedecidas pelo outro grupo, sem saber o que este fazia. Havia diferenças básicas nestes grupos: o de regras livres, raramente às transgrediam, o que era frequente no outro grupo. As crianças que construíram suas próprias regras as compreendiam bem, ao passo que as que somente obedeciam, tinham pouca consciência delas. Quanto à habilidade para jogar, apesar de os alunos do grupo de regras livres praticarem menos o jogo porque discutiam mais, jogavam tão bem quanto os alunos de regras impostas. (FREIRE, J. B, 1994, p. 165)

7.1 Isso não vale!

Quando o aluno diz essa frase, ouvida com frequência pelos professores, pode estar querendo dizer coisas diferentes: pode estar querendo "se safar" contestando o fato de ter "perdido" para seu colega de jogo ou apontando para uma situação duvidosa.

Os alunos fazem assim...

Em um jogo de pega-pega, João está fugindo de Fernando, que corre mais rápido do que ele. É, portanto, pego. João não aceita ser pego, então diz:

- Isso não vale!

E lança mão, em questão de segundos, de alguma justificativa para tal. Duas delas:

- Eu não sabia que já estava valendo!
- Você só corre atrás de mim!

Por outro lado, pode estar negando o fato de ter sido "pego" por não conseguir lidar com a frustração de "perder", o que – sabemos bem – não é fácil nem para os adultos. Diz, então, que não foi tocado por Fernando ou que não sentiu o toque.

Também pode estar querendo dizer que foi pego em decorrência de uma situação ilegal de jogo, ou, pelo menos, duvidosa sobre a questão do "vale ou não vale". Exemplo: João estava fugindo do Fernando, em um jogo de pega-pega. Ao fugir, escorregou, caiu e logo se levantou na tentativa de não ser "pego", mas não foi rápido o suficiente e foi "pego" pelo Fernando.

Diante de situações reais de conflitos relacionados às regras, o professor encontra momentos significativos para propor um mergulho na questão do significado das regras do jogo. Pode, algumas vezes, utilizar intencionalmente a reflexão coletiva a respeito do fato gerador do conflito, para que se estabeleçam acordos que regulamentem esse tipo de situação. Assim, a construção coletiva da regra a torna significativa, não havendo mais divergência de procedimentos ao se estabelecerem parâmetros claros e acordados.

A reflexão a respeito das regras é um processo a ser desenvolvido com os alunos. Ou seja, é importante construir passo a passo as normas, a partir das necessidades que surgem para que o jogo se dê como desejado. Aí, a significação das regras é mais concreta. Segundo PIAGET (1994), as regras morais são transmitidas às crianças pelos adultos; sendo assim, a criança já as recebe, sem que possa elaborá-las de acordo com suas necessidades e interesses. Esse fato coloca uma dificuldade de análise para distinguir o que provém do conteúdo das regras e o que provém do respeito ao adulto. Por outro lado, quando pensamos nos jogos sociais das crianças, há regras que são elaboradas por elas próprias, sem necessariamente estarem relacionadas às regras morais.

7.2 Construção de significação das regras

No Brasil, temos a identidade cultural de ser o país do futebol. Apesar das várias vantagens que essa identidade traz, temos uma forte influência negativa. Há, com relação aos princípios éticos, uma frequente inversão de valores. Por exemplo: em um jogo de 90 minutos, podemos observar que um jogador, em uma média de 30 situações de faltas, reclama com o árbitro; e observar também 10 situações em que o jogador, disputando uma bola com o adversário, diante da constatação de que não tem mais condições de vantagem no lance, simula ter sido derrubado ou atingido, para tentar enganar o árbitro e receber uma "falta" a seu favor.

Trago aqui o episódio do jogador que foi "esperto": numa bola cruzada na área, ele se lança em direção a ela para cabecear. Ao perceber que não a alcançaria, estende o braço, tocando-a com a mão para fazer o gol. Ele fez o gol com a mão e o juiz não percebeu. Confirmou o gol.

O fato aconteceu em um jogo de semifinal de campeonato brasileiro, televisionado para centenas de milhões de pessoas. Ao final da partida, o jogador é abordado pelo repórter que pergunta o que ele tem a dizer sobre o lance do gol; sem deixar o sorriso e a expressão de enorme satisfação, quase que numa euforia, responde que ele fez a parte dele e que, se o juiz validou o gol, então ele só pode comemorar.

O que dizer dessa situação? Seria aparentemente óbvio dizer que esse jogador trapaceou e que o resultado do jogo não foi justo. A sociedade, de uma forma geral, aceita passivamente o caso, por se tratar de um "jogo", e o jogador, que na época era atacante da seleção brasileira, não está preso nem responde processo por isso, pelo contrário, é ídolo nacional.

Fatos como esse acontecem com frequência no cotidiano de crianças, jovens e adultos quando, ao praticarem jogos e esportes competitivos, apresentam a mesma tendência de tentar enganar o árbitro para tirar vantagem da situação.

Por outro lado, a presença do árbitro é encarada como um facilitador do andamento do jogo; ele resolve todos os conflitos e, por ter poder absoluto de decisão, deixa para os jogadores somente a função de jogar, sem que precisem também negociar os conflitos. Assim, passam a responsabilizá-lo por cometer erros muitas vezes provocados intencionalmente por jogadores na tentativa de iludi-lo.

Uma proposta educativa pertinente e comprometida com o processo de significação das regras é a de realizar um jogo em que as regras serão definidas pelos alunos a partir das necessidades advindas do próprio jogo, percorrendo assim um processo de significação do regulamento do jogo.

Os alunos fazem assim...

Com um grupo de alunos de sete anos, a proposta é jogar vôlei. A princípio, o vôlei é um esporte e tem suas regras convencionalmente estabelecidas pelo adulto. Nesse caso, porém, a introdução ao esporte coloca-se de maneira gradual, pois seria inadequado começar aprendendo todas as regras oficiais.

Inicio a atividade perguntando aos alunos se sabem o que é o vôlei. Geralmente respondem:

— É aquele jogo que tem uma rede no meio e a bola tem que passar por cima.

Em seguida, pergunto como se joga. A resposta é:

— Com as mãos.

A partir dessa introdução, na qual ficam claras duas regras do vôlei, acrescento a terceira regra: não se pode deixar a bola cair no chão. Tendo o suficiente para que o jogo se inicie, peço que formem dois times: cada um de um lado da rede. Entrego a bola e fico na posição de observador.

Percebo que logo há uma disputa para ver quem joga a primeira bola para o outro lado. Um aluno a lança sobre a rede para o outro campo. Do outro lado, nenhum aluno consegue pegar a bola que cai no chão. No mesmo instante, o aluno que a lançou comemora a vitória com seu time.

Neste caso, a regra previamente estabelecida por mim, de não poder deixar a bola cair no chão, foi interpretada como se o jogo fosse uma competição, por isso a comemoração de vitória foi instantânea, fato já esperado por se tratar de um esporte: possivelmente alguns alunos já tenham tido contato com o jogo, mesmo que só assistindo.

Figura 7.2 Vôlei
Fonte: Arquivo pessoal do autor

Com outro grupo de alunos, a interpretação foi diferente e todos comemoraram quando conseguiram evitar que a bola caísse no chão. Podemos comparar aqui as duas situações: a primeira, semelhante ao jogo de tênis, em que o objetivo é vencer o adversário, e a segunda, semelhante ao jogo de "frescobol" ou "raquetinha" (jogo de praia, jogado em duas pessoas), que tem como objetivo os dois jogadores não deixarem a bola cair. No primeiro caso, a competição é entre os dois times; no segundo, com a dificuldade inerente ao jogo, o objetivo é o de conseguirem acertar a maior quantidade de rebatidas.

Voltando ao primeiro grupo, novas situações foram acontecendo no decorrer do jogo, para as quais as regras iniciais eram insuficientes.

Em um processo cooperativo, os alunos foram estabelecendo combinados que garantiam a continuidade do jogo, por exemplo, o espaço de jogo. Em determinado momento, um aluno jogou a bola tão forte que ela foi além do alcance dos jogadores do outro time, que, por sua vez, também iniciaram tentativas da mesma ordem. Quando conversamos para saber o que tinha sido sucesso e quais os problemas encontrados, prontamente algumas crianças responderam que o outro time estava jogando a bola muito longe, o que foi rebatido por outros alunos que diziam: – Vocês também fazem isso!

Perguntei se estava gostoso jogar dessa maneira; disseram que não, pois a toda hora a bola ia longe e eles não conseguiam pegar. Perguntei então: "Como resolver isso?", e eles combinaram um limite para que a jogada fosse válida. Estava estabelecida aí mais uma regra, desta vez relacionada ao espaço, ao campo de jogo.

Outro problema relacionava-se com "a vez de jogar", pois alguns alunos jogavam muito, enquanto outros jogavam pouco ou, até mesmo, não tocavam na bola.

Enquanto alguns times espontaneamente realizavam um rodízio de lançamentos, isto é, os jogadores mais ágeis pegavam a bola e passavam para os que ainda não tinham jogado, outros não o faziam e utilizavam o sistema de "quem pega a bola é que joga", restringindo assim aos mais rápidos e habilidosos a saborosa tarefa de realizar um ataque. Os mais lentos passavam o jogo apenas na tentativa de pegar a bola, porém sempre sem sucesso.

No momento da conversa sobre o jogo, os alunos que não conseguiram pegá-la reclamaram; os que a pegavam assumiram uma posição defensiva, explicando ao grupo que se eles não a pegassem, ela cairia no chão e seria ponto do outro time. A continuidade dessa discussão levou-os a combinar que poderiam, ou melhor, deveriam pegar a bola, mas que, em seguida, deveriam passá-la para outros colegas, compartilhando assim a jogada e oferecendo oportunidade para que também realizassem ataques.

Dessa vez, a conversa sobre os problemas do jogo não caminhou para a construção de uma regra, e sim para uma estrutura de participação cooperativa entre eles. Posteriormente, situação semelhante tornar-se-ia uma regra, quando discutiram a respeito dos passes e do saque.

Nesse percurso de experimentar, avaliar e combinar, surge outra questão. Enquanto um time comemorava o seu ponto, o adversário rapidamente pegava a bola e a lançava, pegando-os de surpresa e consequentemente sem condições adequadas para reiniciarem o jogo.

O que em um primeiro momento foi uma ideia brilhante, pois aproveitavam a condição de distração do time adversário, gerou um desconforto naquele que fizera o primeiro ponto, o qual se sentia, de certa forma, traído. Neste caso, a decisão de que deveriam esperar o restabelecimento da atenção do time adversário para reiniciarem uma nova jogada foi unânime. Na mesma conversa, um aluno levantou a questão sobre quem faria a reposição da bola em jogo e defendia que deveria ser a pessoa que fizera o ponto, como forma de recompensa pelo sucesso, ao contrário do que vinham fazendo, até então, de forma desorganizada: quem pegava a bola a recolocava em jogo, independentemente da jogada anterior.

Diante da necessidade de mais um combinado, estabeleceram a regra de que tal reposição seria feita pela pessoa que tivesse conseguido o ponto. Esse combinado, algum tempo depois, foi revisto diante da situação de que tal procedimento fazia com que praticamente se anulasse o combinado anterior, de compartilhar jogadas com outros jogadores do time; dessa forma, o aluno que pegava a bola imediatamente fazia o ataque.

Então o novo combinado foi que a bola seria reposta pelo time que tivesse feito o ponto e não pelo jogador que o tivesse feito. Desta vez ficou combinado que a reposição seria feita sempre por um aluno diferente, seguindo o critério de que o próximo deveria ser "alguém que ainda não foi". Assim, mais uma regra acabara de ser criada pelos alunos.

Nesse momento, contei ao grupo que no jogo de vôlei havia uma regra parecida, chamada "saque" que é o movimento de colocar a bola em jogo. Os alunos adotaram o nome e, a partir desse momento, observei que não confundiam mais o saque com o ataque. Esse fato ocorria com frequência antes dessa discussão, quando determinado aluno, que ainda não havia sacado, pedia a vez para sacar e os outros diziam que não poderia, pois já o tinha feito. De fato, não tinha realizado um saque e sim um ataque. Apesar de semelhantes pelo movimento de lançar a bola ao campo oposto sobre a rede, acontecem em situações distintas durante o jogo. O ataque pode acontecer várias vezes durante a disputa de um único ponto, desde que a bola não caia no chão, enquanto que o saque se dá um a cada ponto como forma de recomeço de disputa.

Percebe-se assim a apropriação da regra do jogo pela autoria e se atribui a ela um significado concreto, pois foi criada a partir das necessidades emergentes como forma de se conseguir jogar com justiça e organização.

Outras regras e combinados podem ser discutidos ou não a critério da intenção e do foco do professor com cada grupo de alunos. A proposta aqui descrita teve o objetivo de dar significado às regras do jogo. Outros diversos objetivos são pretendidos. Para cada um pode-se planejar uma sequência pedagógica pensada no sentido de tornar sempre significativo cada processo.

Tradicionalmente os jogos são ensinados de forma diferente da proposta aqui apresentada, isto é, com o professor explicando como se joga, ensinando as regras e o objetivo do jogo. Não cabe aqui discutir o que é certo e o que é errado, e sim propor uma reflexão sobre a ampliação de possibilidades para trabalharmos com o jogo em contextos cada vez mais próximos da realidade dos alunos ou mesmo seguindo um planejamento que preveja questões específicas como a descrita.

O jogo, de modo geral, dentre suas características, tem a capacidade de criar ordem e de ele próprio ser ordem, uma vez que "introduz na confusão da vida e na imperfeição do mundo uma perfeição temporária e limitada, exige uma ordem suprema e absoluta: a menor desobediência a esta 'estraga o jogo', privando-o de seu caráter próprio e de todo e qualquer valor". (HUIZINGA, 2008, p. 13)

Esta visão, recente e ainda pouco utilizada no Brasil, é frequente nos currículos escolares de Educação Física em países da Europa e nos Estados Unidos no que diz respeito à escolha dos jogos e às atividades práticas nas aulas. Todos visam oferecer ampla diversidade de situações práticas aos alunos de três a quinze anos. Por exemplo, quando se desenvolve um processo pedagógico voltado ao futebol, a indicação é apresentar grande variedade de possibilidades de movimentos e situações correspondentes ao jogo de futebol, situações essas que desenvolvam a inteligência, a percepção, a criatividade, a sociabilidade, a cooperação, ao mesmo tempo em que desenvolvem capacidades físicas e habilidades motoras. ■

8 A importância do envolvimento dos alunos

Elvira Souza Lima (2005) exemplifica como as diversas áreas do conhecimento relacionam-se entre si no desenvolvimento da percepção, da memória, da linguagem, e da função simbólica por meio de práticas e atividades envolvidas na construção da pipa. É um processo que requer a utilização das funções de percepção, memória e imaginação, que mobiliza a atenção e possibilita o exercício dos processos de pensamento.

Aqui, apresento analogamente um trabalho desenvolvido com cinco turmas de 6º ano, isto é, alunos entre dez e onze anos, na preparação da festa junina, desenvolvendo a dança do Pau de Fita como elemento de nossa cultura, introduzido no conteúdo escolar.

Trabalhar com a dança do Pau de Fita na escola, acima de tudo, é um exemplo de como a prática cultural conhecida pode ser utilizada como instrumento de ensino dos conteúdos escolares, englobando a possibilidade de envolver a comunidade e a oportunidade de desenvolver cidadania e a formação ética de nossos alunos.

Sob a ótica da neurociência, esse processo articula diversas áreas do conhecimento, desenvolvendo as funções mentais de memória, atenção, percepção, imaginação e envolvendo os conceitos de espaço, tempo, número, medidas, direção, entre outros. Desenvolve também capacidades individuais como o ritmo, a coordenação motora; proporciona oportunidades para se desenvolverem valores de respeito, cooperação e liderança. Pode parecer muito, mas, além de tudo isso, a dança do Pau de Fita exercita também a memória de procedimentos.

Como pode uma dança abordar todos esses aspectos?

A base para se trabalhar com essa estrutura tão complexa de articulações de procedimentos, conceitos e atitudes está na forma como é proposto o trabalho, no procedimento em torno do processo. As conversas, constantes e necessárias em todas as etapas de criação coletiva da coreografia do Pau de Fita, exigiram dos alunos, cada vez mais, uma comunicação eficiente entre eles, um dos fatores essenciais quando se trata de grupos de 28 a 30 alunos que não estão ali somente para ouvir, mas também para falar e participar ativamente.

Uma das atenções do professor, nesse momento, é garantir que todos tenham oportunidade de falar e serem ouvidos. Aqui, o aproveitamento das diversas potencialidades individuais traz a possibilidade de cada um trazer contribuições importantes para o grupo no campo da criação. A exposição da ideia de cada aluno para a posterior escolha coletiva de qual delas será realizada (mesmo que seja integral ou parcialmente compartilhada com a ideia de outro aluno) traz para todos caráter de pertencimento ao seu grupo. Valores de cooperação, respeito, comunhão também estão presentes nesses momentos.

Tão importante como a necessidade de lideranças, a aceitação e compartilhamento das lideranças são fundamentais para avançar no processo.

Boa parte desses conteúdos não poderia ser desenvolvida se os procedimentos fossem realizados pelo professor no lugar dos alunos como é comum observar na Educação Física Tradicional. Habitualmente se observa o professor ensinando ao seu grupo de alunos a coreografia da dança da festa junina sem envolvê-los neste processo, isto é, em dois encontros o professor separa os pares, ensina o roteiro da apresentação e ensaia com os alunos a execução dos passos da dança.

Também não é difícil encontrar alunos desmotivados com a dança da quadrilha por não ter nenhum desafio e nenhuma novidade.

Para atingir os objetivos previstos, o professor, como ponto de partida, deve dedicar tempo suficiente a esse processo.

No caso, o tempo planejado para o trabalho foi de onze aulas, o que corresponde a cinco semanas e meia, sendo que os alunos têm duas aulas por semana. Nem todas as aulas foram utilizadas integralmente com esse fim. Em boa parte delas, metade do tempo foi dedicado à dança do Pau de Fita. A outra metade foi ocupada com outros jogos e atividades.

Para isso acontecer, o trabalho foi organizado por metas – o que deveriam produzir e prazos – a cada aula ou semana. Todas as aulas desse período começariam tratando do Pau de Fita; o que sobrasse de tempo após atingir a meta do dia seria para outras atividades, o que, na prática, variou de classe para classe em função da produção de cada turma.

8.1 Etapas do processo: o caso da dança do pau de fita

Escolha do tema

A partir de uma apresentação de filmes com danças que representam manifestações culturais brasileiras – Quadrilha tradicional, Quadrilha de festivais, Bumba Meu Boi, Maracatu, Ciranda e Pau de Fita –, os alunos escolheram, por votação, a Dança do Pau de Fita ou Dança das Fitas, como também é conhecida.

Pesquisa a respeito da dança

Após a escolha, o próximo passo foi um aprofundamento maior do tema escolhido, que foi feito em forma de pesquisa individual; cada aluno deveria buscar informações em casa a respeito dos seguintes itens: origem, figurino, simbologia/significados, variações da dança, músicas e outras curiosidades.

Exploração do material

Realizaram a primeira experimentação livre, em grupos ainda não definitivos para a apresentação na festa da escola. Na primeira aula prática, a exploração do material (poste com as fitas) foi o grande interesse dos alunos. Transportar até o lugar, desembaraçar as fitas para começar, puxar, rodar, embaraçar de novo, desembaraçar novamente, contar as fitas de cada poste, separar as cores, formar duplas, escolher os lugares, experimentar os giros ao redor do mastro, observar o desenho formado pela trança das fitas ao girarem, uma, duas, três, quatro, cinco voltas e, em seguida, perceber que as fitas se embaraçavam e não desfaziam a trança. Desfazer manualmente a trança para poder reiniciar a dança.

Figura 8.1 Pau de fita: exploração
Fonte: Arquivo pessoal do autor

Definição do grupo

Saber quem vai apresentar a dança na festa junina da escola: os alunos sabem que a participação na festa junina é opcional e, portanto, podem ou não dançar. Assim, o próximo passo seria decidir quais alunos iriam apresentar a dança na festa, quais não iriam e como o grupo de alunos que não viria à festa poderia contribuir com o processo ao longo das aulas.

Alguns alunos assumiram funções como a de segurar o poste, ou ajudar na coreografia, mas a maior parte dos que não queriam dançar não tinha o que fazer. Entre os que queriam apresentar, iniciou-se o trabalho da formação de duplas. Como sempre, houve alguma resistência para se formarem casais; os grupos optaram por duplas livres, isto é, podendo ser ou não duplas de casais.

Com as duplas formadas em número que variava de seis a doze por turma, puderam começar a treinar. Seguindo o modelo mais visto nas apresentações a que tiveram acesso, a maioria dos grupos começou a exploração pelo movimento de ziguezague das duplas que giram em sentidos opostos. Até aqui não se falava em coreografia definitiva, e sim em experimentar os giros, observando que as fitas entrelaçadas formavam uma trança cobrindo o mastro. Após algumas voltas, deveriam fazer a inversão do giro para desfazer a trança – momento difícil, que nas primeiras vezes terminava com as fitas embaraçadas, sendo necessário parar tudo e desembaraçá-las para poder começar de novo.

Percebi que, a cada vez que embaraçava, o grupo, ao mesmo tempo em que se frustrava, descobria que precisava de mais atenção e de mais sincronia.

Foram descobrindo, por tentativas e erros, que precisavam contar as voltas e marcar posições para saber o momento de inverter o giro para desfazer a trança. Nesse momento, perceberam a necessidade de uma voz que não fosse a do professor para liderar o grupo. Poderia até ser, no caso de o professor atuar como coreógrafo, o que não era o foco deste trabalho.

Os alunos tiveram que exercitar a percepção, pois descobriram que a sincronia era a chave para o sucesso daquela tarefa. Alguém assumia esse papel em cada grupo e frequentemente utilizavam a contagem até três para iniciarem os movimentos juntos.

Após várias tentativas, começaram a perceber que era necessário que passassem pelo lado certo em relação aos que giravam, para só depois desmontar a trança. O erro ao passar pelo lado contrário não era perceptível enquanto giravam para o primeiro lado – isto é, enquanto se formava a trança. Traria problemas, porém, na hora de inverterem o giro para desfazê-la. Uma única fita que passasse pelo lado errado era suficiente para interromper o fluxo coordenado das demais e, consequentemente, impedir que a trança pudesse ser desfeita.

Uma dança para a turma que não se apresentaria na festa

O número de alunos que não iria apresentar a dança na festa junina variava, de classe para classe, entre 12 e 16 alunos. Um número grande de alunos que, caso não a apresentassem, ficaria fora do processo.

Propus que formassem outro grupo dentro da turma, que desenvolveria o mesmo processo, porém faria a apresentação para a própria classe, durante uma aula. A proposta foi aceita e, ao longo das aulas seguintes, o fato de estarem todos desenvolvendo o mesmo processo, em dois grupos, serviu de apoio tanto para compartilhar experiências como para eventuais substituições em caso de falta.

Ficou estabelecido que a preferência, nesse caso, seria para o grupo da apresentação, isto é, se faltasse algum aluno deste grupo, seria substituído, mas o inverso não aconteceria. Se houvesse falta, esta seria absorvida pelo próprio grupo que, de alguma forma, resolveria o problema.

Escolha da música

Escolher a música da apresentação era necessário, pois seria com os tempos dessa composição que iriam criar a coreografia. Os alunos ouviram trechos de algumas músicas elegendo, então, duas. Como o espaço não comportaria cinco grupos simultâneos, optaram pela apresentação em duas etapas. Três classes escolheram uma música e duas escolheram outra. Três delas a escolheram pela sonoridade; uma classe optou seguindo o critério de facilidade em distinguir fases da música que marcavam as trocas de movimentos da dança; a quinta classe optou pela música mais curta.

Desenhos das tranças

O enrolar de fitas no mastro desenha tranças, que diferem de acordo com a movimentação dos participantes. Os desenhos, originalmente simbolizando as colheitas, podem também homenagear pessoas, fatos e, em nosso caso, a própria turma que a realiza. Há relatos de tranças que até escrevem nome de pessoas homenageadas.

Figura 8.2 Trança – pau de fita
Fonte: Arquivo pessoal do autor

Criação da coreografia das fitas

Nesta etapa, já haviam experimentado algumas possibilidades de movimentação. Assim, com a música definida, começaram a escolher quais movimentos fariam. Foi o ponto máximo de envolvimento dos alunos com o processo criativo. Experimentaram muitas hipóteses de movimentos e coletivamente decidiram o que deveria permanecer, o que deveria sair e o que deveria ser modificado para fazer parte do conjunto. Foram muitos os caminhos de descoberta percorridos pelos alunos nesta etapa.

Figura 8.3 Coreografia – pau de fita
Fonte: Arquivo pessoal do autor

Na entrada, o mastro foi carregado por dois alunos que tinham a função de colocá-lo no lugar, segurá-lo durante a dança e retirá-lo ao final.

Os alunos entraram aproximando-se das fitas para apanhá-las, fazendo disso parte da coreografia. Aproximavam-se das fitas após o início da música, com movimentos já coreografados, para pegarem as suas; outros primeiro posicionavam-se com as fitas para, em seguida, iniciar a coreografia junto com os primeiros acordes da música.

Os movimentos iniciais foram feitos no lugar, durante a parte de introdução da música.

As adaptações – a quantidade de voltas para cada lado, as mudanças de direção de acordo com a mudança do verso da música, as passagem de um desenho para outro, os tempos de espera foram sendo experimentados e avaliados repetidas vezes até que se chegasse a uma coreografia definitiva de cada classe.

Concentração e atenção, sem perder a plasticidade

A atenção exigida nessa dança é extrema, a ponto de pagarem com o fracasso, por uma pequena distração – o aluno passar pelo lado errado ao estabelecido, por exemplo –, pois, como já foi dito, isso interrompe o processo de desfazer a trança. A atenção coletiva, porém, pode compensar, auxiliando no momento de desfazê-la, repetindo inversamente o erro inicial de forma a compensá-lo e não prejudicar o andamento. O único vestígio do erro seria uma falha na trança desenhada no mastro, mas quase imperceptível aos olhos dos pais e familiares que assistiriam à apresentação.

Depois do grande esforço em coreografar toda a música, os alunos passaram a ensaiar várias vezes, com a intenção de se apropriarem cada vez mais dos movimentos. Perceberam então que a trança estava ficando cada vez mais bonita. A mesma trança, que no início se formava flácida e informe, agora aparecia firme e vistosa. Até mesmo a tensão colocada na fita já se mostrava, no desenho mais equilibrado.

Mudança da rota sem perder o rumo

Um grupo em especial não teve a mesma evolução dos demais. Devido a um processo mais conturbado, chegaria a esta fase final sem conseguir desmontar a trança sem erros. Alguns alunos chegaram até a sugerir que não se apresentassem, mas a maioria não queria desistir. Encontraram então a solução na própria coreografia. Optaram por não desfazer a trança: trançariam as fitas por uma extensão maior do mastro. Assim o fizeram e ainda puderam criar mais um desenho.

Para não ficar monótono, alternaram quatro tipos de passagens entre eles, formando assim quatro tranças diferentes no mastro. Tiveram, apenas, de tomar mais cuidado no final, pois as fitas ficavam cada vez mais curtas e o espaço entre eles diminuíra proporcionalmente, ficando bem "apertado" o círculo de alunos ao final da música.

Figura 8.4 Apresentação – pau de fita
Fonte: Arquivo pessoal do autor

Migração de alunos

Durante o processo, houve algumas migrações de alunos entre o grupo da apresentação e o outro, sendo que, ao todo, dez duplas passaram a fazer parte do grupo da apresentação oficial e apenas um o deixou por impossibilidade particular de comparecer à festa. Segundo esses alunos, três fatores foram decisivos nesse intercâmbio. A segurança que iam adquirindo ao treinar com seu grupo, a percepção de que a dança estava ficando bonita e a vontade de pertencer ao grupo que representaria sua turma em uma apresentação pública na festa junina.

Escolha do figurino e cores das fitas

Fez parte desse processo escolher o figurino que usariam na apresentação. Definido e produzido pelos alunos, o figurino foi responsável pela beleza do espetáculo tanto quanto o desenvolvimento da dança.

Essa parte do processo revelou outra forma de organização. A escolha do figurino envolveu alunos e alunas, fortalecendo mais ainda os vínculos entre eles. Poucos compraram roupas para a apresentação. Para isso, fizeram um intercâmbio de vestimentas. Houve um grupo que foi definindo o figurino em função do que já possuíam e poderiam compartilhar. Saias, calças, camisetas, cores, modelos, tamanhos, foram discutidos e compartilhados pelos alunos. O resultado deu à apresentação um caráter de espetáculo, sendo que a escolha das roupas chegava à sofisticação de combinar o figurino com as fitas.

A apresentação

Chegava a hora da apresentação. E era notória a expressão de expectativa dos alunos diante da tensão que a ocasião propicia tanto quanto era visível a postura de comprometimento com o desejo de realizar uma boa apresentação. Não posso deixar de dizer que foi emocionante assistir a esse espetáculo: o resultado de um processo intenso e significativo de aprendizagem e construção coletiva, alcançado por meio de muito trabalho, muitas discussões, muito treino e muita persistência.

Avaliação

Na aula seguinte, antes de conversarmos sobre a apresentação, os alunos receberam uma ficha de avaliação que deveria ser respondida individualmente. Essa ficha foi respondida por 142 alunos. Apresento apenas um resumo das respostas, que representa a opinião dos alunos.

A ficha de avaliação tinha o seguinte enunciado:

Pensando no processo de 11 aulas, desde o primeiro encontro áudio visual, passando pelos ensaios e finalmente a apresentação oficial, responda:

1. O que aprendi com o grupo?
2. Em que contribuí com o grupo?
3. O que achei da apresentação e o que poderia ser melhor?
4. Como me senti ao terminar a apresentação?
5. Comente o que você considera importante e não foi perguntado.

As respostas dos alunos trazem depoimentos que vão ao encontro dos objetivos previstos pelo projeto ao desenvolver conteúdos como ritmo, orientação espacial, atenção, percepção, cooperação, respeito, validando assim o trabalho realizado.

Algumas respostas serão citadas por representarem a opinião de grande parte dos alunos a respeito de cada uma (aparecem exatamente como foram redigidas, com exceção da correção de alguns erros gramaticais e a substituição dos nomes reais dos alunos por nomes fictícios).

1) O que aprendi com o grupo?

- Aprendi dar ideias sem medo de ser criticada e ouvir ideias e me impor falando se algo ficou ruim, olhar para meus erros na dança e não ficar criticando o do outro.

- que todos podem errar, até os mais espertos. E também a ser mais calmo.
- que para fazer o trabalho do pau de fita precisa ser paciente e persistente.
- a me comunicar melhor com meu grupo.
- que quando nós nos concentramos, conseguimos fazer ótimas coisas juntas, como desenvolver uma dança linda e divertida igual a nossa.
- com o grupo a ouvir mais a opinião dos colegas.
- com o grupo a saber respeitar o erro do outro e a ter responsabilidades.
- que prestar atenção na aula é mais importante do que o próprio ensaio. E que na dança do pau de fita o mais importante é o trabalho em grupo.
- a trabalhar em grupo.
- com o grupo que todos têm que cooperar, ajudar um ao outro. Em vez de reclamar se o outro errou, é preciso ajudá-lo para que o resultado seja bom.
- que o grupo deve ser unido, caso haja um problema quem deve resolver é o grupo e não somente uma pessoa.
- a ajudar outras pessoas com dificuldade e a cooperar com o grupo.
- a dançar pau de fita e que nem sempre a festa junina é chata.
- a trabalhar em grupo, é muito bom conhecer o jeito que as outras pessoas trabalham, não usando só o meu jeito, mas misturando com os outros.
- como grupo que nós podemos ajudar um ao outro e que somos unidos. Não sabia que éramos tão unidos.
- que com felicidade a apresentação fica mais bonita.

2) Em que contribuí com o grupo?

- Eu ajudei a montar a coreografia, a ensinar quem não sabia e a ajudar na hora de apresentar, tanto nos ensaios como na apresentação final.

- Eu segurei o mastro e dei orientações.

- Eu contribuí ajudando, discordando e ensaiando.

- Eu contribuí com as minhas ideias.

- Eu contribuí um pouco com a organização.

- Eu contribuí tentando arrumar os pequenos erros cometidos.

- Eu contribuí como o grupo quando o Rodrigo faltou na apresentação e eu entrei no lugar dele e apresentei.

- Eu contribuí prestando atenção nos ensaios, fazendo direito e contribuindo com minhas ideias também.

- Eu ajudei muito com a organização e a fazer os passos corretamente.

- Bem, eu acho que em nada no começo, mas no final eu ajudava a Marcela.

- Eu tentei dar o melhor de mim para tudo dar certo, não faltar nos ensaios e no dia, principalmente.

- Eu contribuí com o grupo ajudando a desembaraçar o pau de fita e tentando animar as outras pessoas que estavam desanimadas.

- Eu contribuí muito pouco.

- A me comprometer com o grupo nas horas que dava vontade de sair.

- Eu contribuí escutando o que diziam e prestando atenção no movimento que eu fazia.

- Eu ajudava as pessoas que erravam, quando um errava, o corrigia dando dicas e o ajudando.

COLEÇÃO
INTERAÇÕES

Ricardo Nastari

Interações: educação física lúdica

Uma abordagem ampliada de Educação Física

Josca Ailine Baroukh
COORDENADORA

Maria Cristina Carapeto Lavrador Alves
ORGANIZADORA

Interações: educação física lúdica
Uma abordagem ampliada da Educação Física
© 2012 Ricardo Nastari
1ª reimpressão – 2018
Editora Edgard Blücher Ltda.

Capa: Alba Mancini

Foto: Ricardo Nastari

Blucher

Rua Pedroso Alvarenga, 1245, 4º andar
04531-934 – São Paulo – SP – Brasil
Tel.: 55 11 3078-5366
contato@blucher.com.br
www.blucher.com.br

Segundo o Novo Acordo Ortográfico, conforme 5. ed. do *Vocabulário Ortográfico da Língua Portuguesa*, Academia Brasileira de Letras, março de 2009.

É proibida a reprodução total ou parcial por quaisquer meios sem autorização escrita da editora.

Todos os direitos reservados pela Editora Edgard Blücher Ltda.

Dados Internacionais de Catalogação na Publicação (CIP)
(Câmara Brasileira do Livro, SP, Brasil)

Nastari, Ricardo
    Interações : educação física lúdica : uma abordagem ampliada da educação física / Ricardo Nastari ; Josca Ailine Baroukh, coordenação ; Maria Cristina Carapeto Lavrador Alves, organizadora. – São Paulo : Blucher, 2012. – (Coleção InterAções)

Bibliografia
ISBN 978-85-212-0666-8

1. Brincadeiras na educação 2. Educação de crianças 3. Educação física 4. Jogos educativos. I. Baroukh, Josca Ailine. II. Alves, Maria Cristina Carapeto Lavrador. III. Título. IV. Série.

12-04809   CDD-371.337

Índices para catálogo sistemático:
1. Brincadeiras e jogos como proposta pedagógica : Educação infantil   371.337
2. Educação infantil : Proposta lúdica : Educação   371.337

COLEÇÃO

INTERAÇÕES

Interações: educação física lúdica

Uma abordagem ampliada de Educação Física

Blucher

3) O que achei da apresentação e o que poderia ser melhor?

- Eu achei que a apresentação foi boa e não poderia ser melhor, pois ninguém errou.

- Eu não gostei da minha apresentação, porque todos do grupo erraram, mas a culpa pesou em mim, pois o meu erro foi mais grave.

- Eu achei a apresentação muito boa, mas algumas pessoas poderiam ter prestado mais atenção.

- Poderíamos ter evoluído mais os passos.

- Eu achei a apresentação boa, mas poderíamos ter ensaiado mais.

- Eu achei legal porque o grupo errou e não ficou nervoso e resultou em sucesso.

- Eu achei que nosso grupo tinha melhorado desde o primeiro ensaio e acho que poderíamos bolar coreografias melhores.

- Algumas pessoas prestaram mais atenção. A apresentação foi linda.

- Para mim a apresentação foi muito divertida. Quase erramos, só foi preciso atenção.

- Eu achei que a apresentação foi boa, apesar de termos errado, continuamos e não paramos. Isso foi bom. Acho que se todos tivessem levado mais a sério e cooperado mais, o resultado teria sido melhor.

- Erramos completamente. Foi horrível. Poderíamos ter levado os ensaios mais a sério.

- Eu achei que a apresentação foi ótima, só faltou ser mais divertida, mas como era difícil, tivemos que prestar mais atenção na fita que na diversão.

- Eu achei a apresentação muito legal e divertida.

- Eu achei que a apresentação foi diferente e foi muito melhor que a do ano passado.

4) Como me senti ao terminar a apresentação?

- Eu me senti aliviada, pois não precisava mais me preocupar com aquela dança.

- Ao terminar a apresentação, eu não estava me sentindo muito bem, pois tínhamos errado, mas conversei com meus pais e eles falaram que não haviam percebido nada.

- Eu me senti um pouco chateado, mas mesmo assim orgulhoso.

- Eu me senti muito bem, pois não errei nada e achei que ficou muito legal.

- Eu me senti muito alegre, porque tudo deu certo e eu estava me divertindo enquanto estava dançando.

- Eu senti que era como se tivesse tirado um peso das costas, porque se eu errasse uma vez iria prejudicar todo o grupo.

- Eu me senti bem e pensei que as 11 aulas valeram a pena.

- Eu me senti normal.

- Eu me senti muito feliz, mas não sei explicar direito.

- Eu me senti muito orgulhosa.

- Satisfeita.

- Me senti confiante, pois foi uma boa apresentação.

- Parecia que tinha sido um ensaio comum só que com mais gente na plateia.

- Um pouco triste por aquilo ter acabado. Depois de tanto ensaio e diversão foi triste ver acabar, mas fiquei feliz por ter ficado tão bom.

- Eu me senti muito bem, mas não conseguia imaginar que já havia acabado e que nas próximas aulas não faríamos mais isso.

- Me senti ótimo, feliz por ter feito uma boa apresentação, cansado e mais do que tudo animado.

- Me senti orgulhoso do trabalho do grupo.

- Eu me senti feliz por ter participado e acho que teria perdido muita coisa se não dançasse.

5) Comente o que você considera importante e não foi perguntado.

Esta questão não será abordada aqui por não ter sido respondida pela grande maioria dos alunos.

Analisando a avaliação feita pelos alunos, fica constatada a diversidade, a quantidade e a qualidade de aprendizagens que ocorreram ao longo do processo, relacionadas tanto aos valores morais como aos conteúdos procedimentais.

Pude avaliar também que, após esse trabalho, a postura dos alunos ganhou qualidade em relação à convivência: passaram a se apresentar, de forma geral, mais respeitosos e cooperadores entre si, além de mostrarem uma comunicação bem mais eficaz do que a anterior a esse processo, o que facilitou o desenvolvimento das propostas seguintes.

Para Zabala (1998), são os procedimentos que permitem nossa ação e interação no mundo. Diz também que a aprendizagem exige a repetição em um processo de tentativa e erro. Que depende da atribuição de significado e sentido em sua execução, contudo, se a prática e a repetição são fundamentais para a aprendizagem de uma habilidade, ela sozinha não basta. A motivação para a aprendizagem e utilização de um procedimento depende da atribuição de significado e sentido em sua execução.

9 Cooperar e competir

Devemos tomar cuidado com a posição de antagonismo entre cooperação e competição, frequentemente referida por profissionais de Educação. Quero dizer com isso que, para se trabalharem valores cooperativos, não é necessário negar a competição; pelo contrário, há a necessidade de se lidar com ela como valor moral. Segundo a classificação de Piaget (1994), no estágio da cooperação nascente, que se inicia por volta dos sete ou oito anos, "cada jogador procura, doravante, vencer seus vizinhos, donde o aparecimento da necessidade de controle mútuo e da unificação das regras". (2006)

Segundo Fábio Brotto, "Cooperação e Competição são aspectos do mesmo espectro, que não se opõem, mas se compõem".

Para Cagigal, (1985), o desporto atual está oprimido pela sociedade do êxito – competitiva – que valoriza somente a vitória, que enobrece o Agon em detrimento do Ludus.

O mesmo autor define agonismo (Agon) como a ciência e arte de combate, intencionalidade, a competitividade, luta contra algo, contra alguém ou contra si mesmo. Já no Lúdico (Ludus), a ação está baseada no prazer, no atrativo e no festivo. Quando se está sujeito a algum tipo de normas, a questão principal não é ganhar, mas, sim, passar bem.

Cooperação e competição são processos sociais e valores presentes no jogo, no esporte e na vida. Os participantes competitivos afirmam que não apenas podem revelar esforços cooperativos entre colegas perseguindo um objetivo comum, mas também ajudar a preparar as pessoas para a vida. Por outro lado, muitos adeptos dos jogos cooperativos argumentam que o esporte competitivo pode produzir atletas egocêntricos acostumados a não lidar com as questões da vida real, como sociabilidade e empatia. Tendem a valorizar somente as vitórias, não aceitando as derrotas, entre outros aspectos negativos. Quem estaria certo? Penso que pessoas, em ambos os lados dessa discussão, podem estar com a razão, uma vez que praticamente todas as atividades esportivas e físicas envolvem competição e cooperação. Os jogadores cooperam com seus colegas enquanto competem contra seus adversários.

É fato que socialmente o esporte é importante e valorizado como fator humanizante e integrador, além de ser uma alternativa gratificante e compensadora para a opressão da vida.

Seria, portanto, necessário elaborar atividades que pudessem atender interesses dos participantes, proporcionando vivências de cunho tanto competitivo quanto cooperativo.

Para nós, professores, é de fundamental importância entender cooperação como co-operação, ou seja, operar junto.

9.1 Postura cooperativa

Nos dias atuais, podemos observar um movimento das escolas e dos professores de educação física em busca de novos jogos que tragam a possibilidade de promover a cooperação entre alunos. Nesse campo, já há significativa produção de alguns autores como Fabio Brotto e Paula Falcão, entre outros, no desenvolvimento dos "jogos cooperativos'.

Porém este capítulo trata da possibilidade de se atuar no campo da cooperação em jogos competitivos como conceito e, portanto aplicável a qualquer jogo, inclusive os jogos competitivos.

Com a intenção de trabalhar a cooperação entre alunos com relação às regras do jogo, trago a proposta de jogar futebol (um jogo da nossa cultura e de regras definidas pelo adulto), sem a

Essa resposta, que foi apoiada por todos, revela a importância da participação coletiva na resolução de conflitos, pois o jogo deve ser regulado pelas suas regras que, em si, são suficientes para possibilitar o seu desenvolvimento, aliada à vontade de todos, de conseguirem superar-se e superar o adversário, sem a necessidade de burlar o regulamento.

A motivação do jogo está justamente no enfrentamento dos desafios em busca do objetivo, o qual incentiva a evolução e o aprimoramento de competências pessoais e coletivas. Não se pode deixar de considerar, entretanto, que as possibilidades de "ganhar" ou "perder" vêm carregadas de emoções inerentes ao ser humano. Talvez seja por isso que, no jogo, o indivíduo envolve-se por inteiro atuando com a essência do seu ser.

Sob essa ótica, a atuação do professor vem apoiada nos valores éticos e morais. Reside aqui uma diferença entre o professor tradicional – que geralmente atua com sua autoridade, dizendo que a bola saiu, e dá continuidade ao jogo como se nada de importante tivesse acontecido – e o professor comprometido com a educação construtiva baseada nos princípios éticos e nos valores morais, que utiliza situações do cotidiano dos alunos e, portanto, significativas para eles, para proporcionar a possibilidade de se confrontarem com os seus conflitos em busca de acordos que, apesar de parecerem óbvios ao olhar do adulto, são necessários nesta fase de formação do juízo moral das crianças.

Outras formas de agir caberiam nessa situação, até mesmo uma disputa de sorte, como um jogo de par ou ímpar para dar continuidade rápida ao jogo. Porém a forma aplicada mostra que não é perda, e sim ganho de tempo, pois todos se sentem garantidos de que a verdade prevaleceu. Percebem, então, que o respeito ao adversário é fundamental para que se alcance o objetivo, que vai além de vencer: é necessário vencer honestamente, graças ao esforço e à competência.

Em outras ocasiões, porém, o resultado dessas discussões não chega tão facilmente a um acordo, como no caso descrito. Ocorre muitas vezes a manutenção da mentira como forma de proteção, pois assumir a mentira expõe o aluno que, dependendo do estágio de maturidade, não suporta tal exposição. Por outro lado, assumir o erro caracteriza uma força interior do indivíduo advinda do processo de formação da moral em querer superar suas fraquezas.

Tais atitudes servem de referência para situar o professor em relação ao nível de desenvolvimento moral de seus alunos. Sabe-se que essas situações relacionam-se diretamente com os estágios de desenvolvimento da formação do juízo moral.

Piaget (1994), sob esta ótica, conclui que

> "a criança, em virtude de seu egocentrismo inconsciente, é levada espontaneamente a transformar a verdade em função de seus desejos e a ignorar o valor da veracidade". A regra de não mentir, imposta pela coação adulta, carrega o sentido de sagrada e exige uma interpretação objetiva, porém não correspondente a uma necessidade real e inferior de seu espírito resultando em uma colocação inadequada da regra, ao passo que, "é na medida em que os hábitos de cooperação tiverem convencido a criança da necessidade de não mentir, que a regra lhe parecerá compreensível, que ela se interiorizará e dará origem apenas a julgamentos de responsabilidade subjetiva".

Sugestão de atividade

SER TÉCNICO DE SEU PRÓPRIO TIME

Mais uma forma de estimular a cooperação em uma situação de competição, no caso, um esporte, o handebol.

Partindo do princípio de que o professor deve concentrar atenção na forma de ensinar, torna-se acessível a qualquer um a possibilidade de trabalhar com foco na cooperação mesmo que o currículo de sua instituição exija que se trabalhe com esportes competitivos.

presença do árbitro, criando mecanismos de regulação do jogo a partir das necessidades emergentes da experiência.

Figura 9.1 Ponte de corda
Fonte: Arquivo pessoal do autor

Partindo do ponto de que todos os alunos em questão já têm conhecimento prévio das regras do futebol, vamos nos deter aqui, no modo de interpretá-las e utilizá-las adequadamente.

A seguinte situação aconteceu em uma aula de Educação Física com alunos de 11 anos:

Em um jogo de futebol, sem árbitro, numa disputa de bola próximo à linha de lateral, que limita o espaço do jogo, o jogador que conduz a bola deixa que ela escape de seu controle momentaneamente e ultrapasse o limite do campo para, em seguida, quase que instantaneamente, recuperá-la e continuar jogando como se ela não tivesse saído. O adversário para de jogar e pede para si a posse da bola numa cobrança de lateral para recolocá-la em jogo a seu favor. Nesse momento se estabelece um conflito. Um jogador fala que a bola saiu e o outro fala que não saiu. Discutem e teimam cada um querendo convencer o outro de sua opinião. Como não conseguem chegar a um acordo, recorrem a mim, pedindo que eu diga se a bola saiu ou não. Apesar de ter visto o lance e saber que a bola realmente havia saído, pergunto aos outros jogadores o que realmente aconteceu.

Três jogadores de um time dizem que a bola saiu e quatro jogadores do outro time dizem que não. Três jogadores omitem-se dizendo que não viram a jogada. Na verdade, esses não querem mentir, mas não se sentem à vontade para desmentir seu time como se tivessem o compromisso de não poder prejudicar sua equipe.

O que está envolvido aqui é uma cumplicidade entre os alunos de cada time: mantêm a palavra e compactuam com a história contada pelo primeiro.

Coloco uma questão:

Se 10 pessoas estão jogando o mesmo jogo, e três alunos não viram a jogada em questão, como pode ser possível que quatro tenham visto a bola sair e três viram que a bola não saiu?

Então, um de cada vez é convidado a explicar melhor o que viu. As respostas foram as seguintes:

- Da posição que eu estava pareceu que não saiu.

- Eu vi que a bola não saiu inteira.

- Na verdade eu não tinha certeza que saiu, mas o meu colega viu, então eu o apoiei.

- Tá bom, vai! A bola saiu. Vamos continuar o jogo.

Todos se movimentam para voltar ao jogo, satisfeitos com a resposta. Fica claro para todos o que realmente aconteceu. Interrompo, porém, esse movimento e peço que fiquem mais um pouco para podermos definitivamente encerrar o assunto. Pergunto então: será que vocês não conseguiriam fazer isso sem precisar de mim? Não teria outra forma de resolver esse problema? Eles respondem que sim: é só a pessoa ser honesta e falar logo o que aconteceu.

As narrativas a seguir descrevem os registros das avaliações feitas ao final de cada aula. Por uma finalidade didática, neste trabalho, as respostas serão agrupadas pela ordem em que cada jogo foi realizado.

Um time nomeou-se "CRAKES" e o outro "HANDEBOLEIROS"

Vejamos as respostas correspondentes às três perguntas

CRAKES 1

Resposta 1: – Beleza, tá muito bom, vai continuar assim, não precisa mudar nada. (de um time que aparentemente estava em situação de superioridade em relação ao adversário)

Resposta 2: – Sim, o time continuou igual.

Resposta 3: – Não, a instrução não fez o time jogar melhor. Jogamos pior, o outro time marcou mais gols no segundo tempo.

HANDEBOLEIROS 1

Resposta 1: – Eles definiram quem deveria "marcar" (acompanhar de perto, impedindo a evolução) cada jogador adversário e escolheram os dois melhores do time para marcar os dois principais atacantes do time adversário, os quais faziam a maioria das jogadas de ataque.

Resposta 2: – Sim, cumpriram as instruções dos técnicos.

Resposta 3: – Funcionou! Jogamos melhor assim e marcamos mais gols do que no primeiro tempo.

Após a inversão

CRAKES 2

Resposta 1: – Eles disseram para ficarmos todos na defesa e, na hora de atacarmos, não irmos todos para o ataque, somente três jogadores. Caso fosse necessário, iria mais um jogador para ajudar no ataque. Porém deveriam ficar pelo menos dois jogadores fixos na defesa.

Resposta 2: – Sim, cumpriram as instruções, mas quase sempre atacavam com quatro jogadores e ficavam dois fixos na defesa.

Resposta 3: – Funcionou, jogamos bem.

HANDEBOLEIROS 2

Resposta 1: – Orientaram que todos deveríamos atacar juntos e voltarmos para defender. (percebendo que o time estava dividido, com uma turma no ataque e outra na defesa).

Resposta 2: – Ficou melhor assim.

Resposta 3: - Nos cansamos muito por que tínhamos que voltar muito rápido toda vez que o adversário pegava a bola (quando o seu ataque não resultava em gol ou quando eram interceptados durante o ataque).

Vejamos agora o mesmo processo, com alunos de outra classe:

Nesta turma, os times nomearam-se SUÉCIA e BRASIL

BRASIL 1

Resposta 1: – Disseram para corrermos mais, para atacarmos pela direita e para marcarmos mais, só que eles nem olharam nosso jogo! (Os alunos que deveriam ser os técnicos não se envolveram com a proposta, e permaneceram alheios ao jogo, conversando sobre outros assuntos. No momento de passar as instruções, falaram qualquer coisa apenas para fingir que estavam fazendo o papel de técnicos.)

Resposta 2: – Não! Nós decidimos por nossa conta, marcar individualmente os jogadores mais ágeis do outro time.

Resposta 3: – A nossa ideia funcionou. Jogamos melhor.

Separando uma classe de 28 alunos em dois times de 14, pedi que cada time criasse um nome e se subdividisse em dois, que jogariam a mesma partida de handebol: metade do time jogaria o primeiro tempo de jogo e a outra metade jogaria o segundo tempo, sendo que o placar do primeiro tempo continuaria no segundo, isto é, se o primeiro tempo terminasse com o placar de três a dois, o segundo daria continuidade a essa pontuação e os dois times, apesar de estarem começando a jogar naquele momento, já partiriam do placar de três a dois herdado do primeiro tempo.

Propus que o grupo de alunos que estivesse de fora, cada qual com seu time, representasse coletivamente o papel do "técnico", figura que tem a função de criar estratégias, orientar e estimular seu time.

Figura 9.2 Técnico
Fonte: Arquivo pessoal do autor

Cada tempo teria a duração de 14 minutos, com um intervalo de três para orientação e instruções táticas, realizadas pela parte do time que estivesse fora. Esta parte, por sua vez, deveria se organizar da seguinte maneira: discutir coletivamente ao longo do jogo, quais instruções seriam passadas ao seu time no intervalo, e escolher um porta-voz que fizesse tal orientação de forma a garantir a comunicação eficiente da informação a ser passada.

Foi determinado também que as pessoas do grupo que estivesse jogando não poderiam dar ideias, nesse momento, Deveriam apenas ouvir e cumprir as instruções passadas pelos técnicos.

No segundo tempo, essa situação se repetiria, invertendo-se os grupos. Quem jogou no primeiro momento faria o papel de técnico, e vice e versa.

A intenção inicial era o estabelecimento da cooperação entre os alunos, numa proposta significativa baseada na necessidade de se criarem coletivamente, estratégias a partir da observação do próprio time em busca de um aproveitamento melhor no jogo.

Contudo, por meio da avaliação processual dessa conduta, foi identificado que, para ser mais eficiente, essa proposta exigiria que se criassem procedimentos, tais como: a observação crítica do jogo, a formulação de ideias para melhorar o desempenho – estimulando o raciocínio hipotético dedutivo –, o compartilhamento das ideias com os colegas para encontrar a solução que pareça a melhor, a forma pela qual a instrução será comunicada e a avaliação do resultado da aplicação da ideia no jogo.

Assim foi feito com vários grupos, cada qual com suas peculiaridades descritas a seguir. Ficou claro que o nível de envolvimento com a proposta e o comprometimento com seu próprio time foram proporcionalmente determinantes dos resultados alcançados.

Ao terminar o jogo, avaliamos e compartilhamos os resultados dessa experiência respondendo a três perguntas:

Pergunta 1: quais instruções foram passadas pelo grupo dos "técnicos"?

Pergunta 2: os jogadores cumpriram as instruções passadas?

Pergunta 3: a instrução fez o time jogar melhor?

SUÉCIA 1:

Resposta 1: – Disseram para fazermos a defesa ao redor da área do gol e deixarmos o Marcos adiantado, fora dessa linha de defesa, para dar combate ao ataque do adversário. (Por se assemelhar a um esquema tático já existente, conhecido como marcação 5/1, normalmente utilizado em um estágio mais avançado do que o de iniciação, perguntei se eles já conheciam esse esquema. Um aluno disse que conhecia o esquema de todos defenderem em linha ao redor da área, chamado de 6/0, e quando sugeriu aos companheiros que dessem essa instrução, outro colega deu a ideia de fazê-lo, mas de deixar um jogador livre para atrapalhar o ataque, pois, sem ele, ficaria muito fácil para o outro time trocar passes até atirar para o gol). – Disseram também para atacarmos, seguindo as posições que estávamos na defesa. Quem estivesse na direita, atacaria pela direita, quem estivesse no meio atacaria pelo meio e assim por diante.

Resposta 2: – Fizemos como fomos orientados.

Resposta 3: – Funcionou. O time ficou mais organizado e cada um sabia o que tinha que fazer. Foi bom também pra quem não sabia jogar direito e não sabia o que fazer.

BRASIL 2

Resposta 1: – Disseram que estávamos muito "moles" e que deveríamos correr mais. Também disseram que o outro time estava muito melhor, só para nos provocar. (Os alunos deste grupo, por sua vez, prestaram atenção ao jogo, mas irritados com a falta de comprometimento do seu time no primeiro tempo, retribuíram as orientações num tom debochado. Passaram inclusive a torcer contra seu próprio time e a comemorar os lances de sucesso do adversário. Nessa altura, já não ligavam mais para o placar do jogo que era a continuidade do resultado do seu próprio esforço anterior. Estavam declaradamente, apresentando uma atitude de protesto aos seus colegas de time.)

Resposta 2: – Não precisamos fazer nada do que eles falaram.

Resposta 3: – A nossa ideia funcionou (a ideia dos jogadores e não a dos técnicos), jogamos bem e fizemos mais gols do que vocês.

SUÉCIA 2

(Esse time já iniciou a partida, utilizando o esquema 5/1 que acabaram de inventar)

Resposta 1: – Disseram para voltarmos mais rápido para a defesa e que só tínhamos que passar mais a bola entre nós, durante os ataques, pois sempre os mesmos dois jogadores estavam atacando, excluindo assim os demais.

Resposta 2: – Passamos para mais pessoas.

Resposta 3: – Funcionou, nós participamos de mais jogadas. (resposta dos alunos que não estavam recebendo a bola no primeiro tempo de jogo)

– Não funcionou muito, porque perdemos muitos ataques. (resposta de alguns alunos, referindo-se aos colegas com pouca habilidade que não sabiam dominar a bola ou atacavam com pouca força), mas até que funcionou porque todos puderam jogar e se divertir.

Coincidência ou não, o fato é: o time Suécia, – mais organizado e mais competente – venceu a partida. Felizmente, pois, para fins educativos, o resultado deste jogo corroborou a conclusão de que um grupo organizado atua melhor coletivamente.

Ao terminar esta fase de atividades, outra pergunta foi feita como instrumento conclusivo de avaliação: – O que acharam de passar por esta experiência?

Entre as mais variadas respostas, foram frequentes as seguintes: que foi uma proposta gostosa; foi interessante e trouxe novas possibilidades de se praticar um esporte; os forçou a usar o raciocínio, a criatividade e a inteligência; gostaram da experiência de ser responsável pelo seu time; é difícil trabalhar em grupo.

Entre os 140 alunos, três disseram não ver vantagem nessa proposta e que seria melhor se o professor ensinasse as táticas de jogar handebol, porque essa é a função do professor.

Situações diversas foram registradas nesse trabalho com outras três turmas, cada qual com seus casos de sucesso ou fracasso. Ambos trazem aprendizagens.

Em um segundo momento, as avaliações processuais observadas pelo professor ao longo de cada etapa de trabalho, e as avaliações formativas descritas, serviram como base norteadora para a escolha de atividades e sequências pedagógicas a serem adotadas para dar continuidade ao processo de desenvolvimento de cada grupo. Isto é, desencadearam ações diferentes para cada turma em função da necessidade real experimentada nessa fase.

10 Considerações finais

Chegamos ao final do nosso percurso. Espero que os conteúdos tratados e os exemplos apresentados evidenciem a enorme responsabilidade dos professores na educação. Esta responsabilidade implica a necessidade de estarmos constantemente nos atualizando, estudando e aprofundando nossas reflexões como profissionais da educação, de modo a estarmos cada vez mais preparados para honrar a posição que ocupamos.

A contrapartida de nossa responsabilidade de intervir na formação de alunos/pessoas é que temos o privilégio de saborear as conquistas alcançadas por nossas turmas ao longo de cada etapa vivida, na mesma medida em que assumimos os riscos de vivenciar experiências sem sucesso. Esse dinamismo é o que faz vivo o processo de educação, percorrido de forma humanizada. Nesta concepção, todos aprendem e todos ensinam, todos saem diferentes do que entraram.

Por fim, recomendo que, ao alcançarem juntos os objetivos que ambos perseguem, cada qual em sua instância, alunos e professores valorizem seus esforços e celebrem cada uma de suas conquistas. Assim, estarão celebrando a vida!

Figura 10.1 Conquista
Fonte: Arquivo pessoal do autor

Contudo, antes de me despedir, compartilho com você, leitor, uma música interpretada por Milton Nascimento, de composição de Fernando Brant, que considero um alimento para a alma. Uma letra que carrega em sua simplicidade, a essência de ser humano.

Há um menino
Há um moleque
Morando sempre no meu coração
Toda vez que o adulto balança
Ele vem pra me dar a mão

Há um passado no meu presente
Um sol bem quente lá no meu quintal
Toda vez que a bruxa me assombra
O menino me dá a mão

E me fala de coisas bonitas
Que eu acredito
Que não deixarão de existir
Amizade, palavra, respeito
Caráter, bondade alegria e amor
Pois não posso

Não devo
Não quero
Viver como toda essa gente
Insiste em viver
E não posso aceitar sossegado
Qualquer sacanagem ser coisa normal

Bola de meia, bola de gude
O solidário não quer solidão
Toda vez que a tristeza me alcança
O menino me dá a mão
Há um menino
Há um moleque
Morando sempre no meu coração
Toda vez que o adulto fraqueja
Ele vem pra me dar a mão

(Bola de meia, Bola de gude)

Fonte: reprodução da obra lítero-musical concedida por Dubas Música Ltda.

Referências Bibliográficas

ANTUNES, C. **Inteligências múltiplas e seus jogos: Inteligência cinestésico-corporal**, vol. 2. Rio de Janeiro: Ed. Vozes, 2006.

BARBOSA, M.C.S. e HORN, M. G. S. **Projetos pedagógicos na educação infantil**. Porto Alegre: Artmed, 2008.

BROTTO, F. O. **Jogos Cooperativos: O jogo e o esporte como um exercício de convivência**. Santos: Projeto Cooperação, 2001.

CAGICAL, J.M. **Cultura Intellectual y Cultura Física.** Buenos Aires: Kapelusz, 1985.

COLL, C. **Psicologia e Currículo - Uma aproximação psicopedagógica à elaboração do currículo escolar.** Trad. de Claudia Schilling. 4ª. Edição, São Paulo: Ática, 1999.

DARIDO. S. C e RODRIGUES, H. de A. **Conteúdos na Educação Física escolar: possibilidades e dificuldades na aplicação de jogos nas três dimensões dos conteúdos.** Revista Digital - Buenos Aires - Año 11 - n. 96 – Mayo, 2006.

DELORS, Jacques. **A educação para o século XXI**. Porto Alegre: Artmed, 2005.

FREIRE, J. B. **Educação de corpo inteiro – Teoria e prática da educação física**, São Paulo: Ed. Scipione, 1994.

_____. **Educação como prática da liberdade.** Rio de Janeiro: Paz e Terra, 2001.

FRIEDMANN, A. **Brincar: Crescer e aprender – O resgate do jogo infantil.** São Paulo: Moderna, 1996.

KISHIMOTO, Tizuko. M. Bruner e a brincadeira. In: KISHIMOTO, Tizuko M.; CERISARA, A. B.**, O brincar e suas teorias**. São Paulo: Pioneira Thomson Ed.Learning, 1996.

_____, Tizuko. M. **O jogo e a educação infantil**. In: KISHIMOTO, Tizuko M. **Jogo, brinquedo, brincadeira e a educação**. São Paulo: Cortez, 2001.

LIMA, E. S. **Práticas culturais e aprendizagem: Pipa**. Coleção Cultura Ciência Cidadania, São Paulo, Ed. Sobradinho 107, 2005.

PARREIRA, J. M. e NOGUCHI V.. **A dimensão estética na aprendizagem: um olhar para a Matemática** - Trabalho apresentado no seminário Encontros 2009 – Escola Vera Cruz – São Paulo, 2010.

PIAGET, J. **O Juizo Moral na criança**. Trad. de Elzon Lenardon. São Paulo: Summus Editorial, 1994.

FERNANDEZ, F.; VENTURA, M. **A organização do currículo por projetos de trabalho: o conhecimento é um caleidoscópio**. Porto Alegre: Artmed, 1988.

VIGOTSKI, L. S. **Pensamento e Linguagem.** 2ª ed. São Paulo: Martins Fontes, 1998.

ZABALA, A. **A prática educativa: como ensinar.** Porto Alegre: Artes Médicas Sul Ltda., 1998.